［過去問］

2024
東京学芸大学附属 大泉小学校 入試問題集

JN084607

Shinga-kai

東京学芸大学附属大泉小学校

過去15年間の入試問題分析
出題傾向とその対策

2023年傾向

今年度も第一次選考で抽選が行われ、男子は約80％、女子は約90％が通過しました。第一次の合格者を対象に２日間の考査が実施され、１日目にペーパーテスト、集団テスト、２日目に個別テスト、本人面接が行われました。ペーパーテストでは例年通り、話の記憶、数量、推理・思考、個々の判断を問う常識などが出題され、運動テストは今年度もありませんでした。昨年度に続き、募集要項の入手と第一次選考の出願はＷｅｂ上で行いました。

傾　向

東京学芸大学附属大泉小学校は志願者を第一次選考（抽選）で選出した後、総合調査と題して、文字通り総合的な観点から第二次選考を実施します。考査は２日間にわたって行われ、１日目にペーパーテスト、集団テスト、運動テスト、２日目に３人１組で行う個別テスト、本人面接、最後に第三次選考として再び抽選が行われていましたが、2021年度以降は第二次の運動テストと第三次の抽選は行われていません。ペーパーテストは１枚のプリント（表裏両面に印刷されている）で、５題程度の問題があります。常識と話の記憶は毎年出題され、ほかには数量が頻出し、構成や推理・思考なども比較的多く出題されています。広い範囲から出題されており、年齢相応の知識がしっかり身についているかを見られています。特に常識に関する出題は幅が広く、答えが必ずしも１つではない場合もあり、的確な判断が求められます。制限時間が短い問題もあり、指示を聞き取る集中力と瞬時に反応しスムーズに解いていく理解力が必要になります。集団テストでは、玉入れやオニごっこなどで楽しく遊んだり、曲に合わせて踊ったりする課題などが出されています。ここでは、コミュニケーション能力や意欲的かどうか、積極性、生活習慣の習熟度などが見られています。そのほか、2021、2022年度はフェルトペンを使って絵を描く課題も出されました。総合調査の受検番号は願書受付順で、月齢の異なる子どもが一緒に考査を受けることになるので、どのような集団の中にあっても自信を持って行動できることが重要です。運動テストでは、過去には立ち幅跳びや模倣体操が多く行われ、その後は決められた一連の動きを含むケンパーが続いて

いましたが、2020年度は方向指示によるジャンプが行われました。必ずお手本が示されますので、細かい指示までしっかりと聞き取る力が必要です。個別テストではスモックをたたむ、ひもを通す、道具や材料を片づけるといった、生活習慣や巧緻性（手先の器用さ）を見る課題が出されています。また、個別テストや本人面接では名前や年齢などを聞かれるほか、2011年度より毎年、絵カードや具体物を見せられ、生活体験や判断力を問われる個別課題も出されています。

対　策

ペーパーテストは表裏に印刷された1枚のプリントを使うため、問題をよく聞いて出題意図をくみ取るだけでなく、解答欄の位置についての細かい指示などにもスムーズに対応できる力が必要です。また問題数がそれほど多いわけではないので、確実に解答することも大切です。常識の問題では、答えが限定されずに、自分の「意見」や「考え」で判断させるものもあります。答えがはっきりと出せない問題では迷ってしまい、スムーズに解答できなくなる可能性もあるので、日ごろからさまざまな状況に置かれたときどのように思うか、自分だったらどうするかを問いかけ、お子さんの考えを引き出すようにしていきましょう。常識の課題は出題範囲も広く、知識の有無で差がついてしまう場合もあります。積極的に自然の中へ出かけるなど、生活の中での体験の幅を広げること、またそのようなときにお子さんの疑問に答える対話を増やすことが重要です。話の記憶、数量、構成なども頻出項目ですから、過去の問題に取り組んで慣れておきましょう。特に難しい問題が出るわけではないので、確実に得点できるよう、ご家庭でも見る力、聞く力、集中力を高める指導を心掛けてください。集団テストは行動観察が中心のため、いかに集団に溶け込んで活動できるか、初対面のお友達やテスターが相手でもいつも通り元気に振る舞えるか、リラックスしてコミュニケーションがとれるかがポイントです。一方、簡単なゲーム形式の課題が多いので、興奮しすぎることなく、けじめをつけて行動できるかどうかも大切です。子どもらしく元気に活動できるかだけでなく、お約束に対する年齢相応の意識なども見られています。たくさんのお友達と遊ぶ体験や家族以外の大人とふれ合う機会を増やしていきましょう。同時に、けじめをつけることを家庭内でも心掛けておくとよいでしょう。個別テストの巧緻性については、手でちぎる、折り紙を折る、ひもを通すなど、日常生活の中で手先を使って行う作業に慣れておくことが必要です。生活習慣は日ごろのしつけ次第なので、自立を促し子ども自身でできることをどんどん増やしておきましょう。2020年度まで実施されていた運動テストでは、立ち幅跳びなど跳躍運動がかつては毎年のように出題されていましたが、近年は単独あるいは一連の動きの中でのケンパーがよく行われています。どちらも身体のバランスが培われる基本的な運動ですから、出題の有無にかかわらず戸外での遊びにぜひ加えてください。本人面接は例年3人1組で質問されるので、ほかの子どもの答えや態度に左右されずに自分のペースを守ることも重要です。自信を持って、堂々と元気よくお話しできるようにしておきましょう。

年度別入試問題分析表

【東京学芸大学附属大泉小学校】

	2023	2022	2021	2020	2019	2018	2017	2016	2015	2014
ペーパーテスト										
話	○	○	○	○	○	○	○	○	○	○
数量	○	○		○	○	○	○	○	○	○
観察力			○							
言語	○									
推理・思考	○	○			○	○		○	○	
構成力						○	○	○		○
記憶										○
常識	○	○	○	○	○	○	○	○	○	○
位置・置換										
模写										
巧緻性										
生活習慣										
系列完成										
個別テスト										
話										
数量										
観察力										
言語	○	○	○		○					
推理・思考										
構成力										
記憶										
常識					○					
位置・置換										
巧緻性					○			○	○	○
絵画・表現						○	○	○		
系列完成										
制作										
行動観察				○						
生活習慣				○		○	○	○	○	○
集団テスト										
話										
観察力										
言語										
常識										
巧緻性										
絵画・表現										
制作										
行動観察	○	○	○	○	○	○	○	○	○	○
課題・自由遊び										
運動・ゲーム	○	○	○	○	○	○	○	○	○	○
生活習慣										
運動テスト										
基礎運動										
指示行動										
模倣体操										○
リズム運動					○	○	○	○	○	○
ボール運動										
跳躍運動				○						
バランス運動										
連続運動										
面接										
親子面接										
保護者(両親)面接										
本人面接	○	○	○	○	○	○	○	○	○	○

※この表の入試データは10年分のみとなっています。

※伸芽会教育研究所調査データ

小学校受験Check Sheet

　お子さんの受験を控えて、何かと不安を抱える保護者も多いかと思います。受験対策はしっかりやっていても、すべてをクリアしているとは思えないのが実状ではないでしょうか。そこで、このチェックシートをご用意しました。1つずつチェックをしながら、受験に向かっていってください。

✳ ペーパーテスト編

①お子さんは長い時間座っていることができますか。

②お子さんは長い話を根気よく聞くことができますか。

③お子さんはスムーズにプリントをめくったり、印をつけたりできますか。

④お子さんは机の上を散らかさずに作業ができますか。

✳ 個別テスト編

①お子さんは長時間立っていることができますか。

②お子さんはハキハキと大きい声で話せますか。

③お子さんは初対面の大人と話せますか。

④お子さんは自信を持ってテキパキと作業ができますか。

✳ 絵画、制作編

①お子さんは絵を描くのが好きですか。

②お家にお子さんの絵を飾っていますか。

③お子さんははさみやセロハンテープなどを使いこなせますか。

④お子さんはお家で空き箱や牛乳パックなどで制作をしたことがありますか。

✳ 行動観察編

①お子さんは初めて会ったお友達と話せますか。

②お子さんは集団の中でほかの子とかかわって遊べますか。

③お子さんは何もおもちゃがない状況で遊べますか。

④お子さんは順番を守れますか。

✳ 運動テスト編

①お子さんは運動をするときに意欲的ですか。

②お子さんは長い距離を歩いたことがありますか。

③お子さんはリズム感がありますか。

④お子さんはボール遊びが好きですか。

✳ 面接対策・子ども編

①お子さんは、ある程度の時間、きちんと座っていられますか。

②お子さんは返事が素直にできますか。

③お子さんはお父さま、お母さまと3人で行動することに慣れていますか。

④お子さんは単語でなく、文で話せますか。

✳ 面接対策・保護者（両親）編

①最近、ご家族での楽しい思い出がありますか。

②ご両親の教育方針は一致していますか。

③お父さまは、お子さんのお家での生活や幼稚園・保育園での生活をどれくらいご存じですか。

④最近タイムリーな話題、または昨今の子どもを取り巻く環境についてご両親で話をしていますか。

2023 東京学芸大学附属大泉小学校入試問題

■ 選抜方法

| 第一次 | 男女別に志願者の男子約80％（616人）、女子約90％（660人）を抽選で選出。 |

| 第二次 | 第一次合格者を対象に男女別に考査を実施する。考査は2日間で、1日目に20〜25人単位でペーパーテスト、集団テスト、2日目に3人1組で個別テスト、本人面接を行う。所要時間は1日目が1時間〜1時間30分、2日目が約10分。 |

考査：1日目

ペーパーテスト
筆記用具は鉛筆を使用し、訂正方法は ＝ （横2本線）。出題方法は音声。

---

1 話の記憶

「今日は、動物たちが集まってみんなでお食事をする日です。今回はライオン君がお料理を作る当番です。どんなお料理を作ったらお友達が喜んでくれるのかわからないので、ライオン君は心配でなりません。台所に行って冷蔵庫の中をのぞいてみると、ライオン君が買っておいたお肉が入っています。『何を作ろうかな』とあれこれ考えて困っていると、クマ君が『タマネギを持ってきたよ！』と、やって来ました。みんなはそれぞれ、何か野菜を持ってくることになっているのです。ライオン君が『何を作ろうかといろいろ考えているけど、まだ何も思いつかなくて悩んでいるんだ』と言うと、クマ君は『ライオン君はお料理上手だから、きっとおいしいごちそうが作れるよ』と言ってくれたので、少し安心しました。次にやって来たのはキツネさんで、手にはニンジンを持っています。その次には、ハリネズミさんがジャガイモを持ってきました。これで、全員がそろいました。ライオン君が『お肉にタマネギ、ニンジン、ジャガイモ……これで何を作ろうかな』とつぶやくと、クマ君が『僕はスープが飲みたいな』と言いました。キツネさんは『わたしは肉じゃがが食べたい！』ハリネズミさんは『わたしはカレーライスがいいな』とそれぞれ食べたいものを言いました。それを聞いてうれしくなったライオン君は『じゃあ、頑張って全部作るよ！』と、張り切ってお料理を始めました。最初に作ったのはカレーライスです。『しっかり煮込んで、お肉も野菜も柔らかくしたいからね』。次に作ったのは、肉じゃがです。『あまり煮込みすぎるとジャガイモが崩れてなくなっちゃうから、気をつけなくちゃ』。最後にクマ君のスープを作ります。みんなもお皿やスプーンを並べてお手伝いしました。さすがライオン君、あっという間においしそうなお料理を3つも作り上げました。テーブル

に並べて『いただきます』と元気にあいさつをすると、みんなで楽しく食べました」

- ライオン君はどのようなことで困っていましたか。合う絵に○をつけましょう。
- クマ君が持ってきてくれた野菜に○をつけましょう。
- ライオン君は料理をどのような順番で作りましたか。作った順番に上から料理が並んでいる四角に○をつけましょう。

2 話の理解

- 動物たちがジャンケンをしました。最初にイヌとネコがジャンケンをすると、イヌが勝ちました。次にサルと鳥がジャンケンをして、サルが勝ちました。その後、イヌとサルがジャンケンをしたらイヌが勝ちました。では、ジャンケンが一番強かった動物に○をつけましょう。

3 数量（対応）

- 3人の子どもたちの今日のおやつはクッキーです。1人のお皿にはもうクッキーがのっていますね。ほかの2人にも同じ数だけ右のクッキーを配ると、何枚残りますか。残る数だけ、右のクッキーに○をつけましょう。

4 推理・思考（四方図）

- 左端のウサギを反対側から見ると、どのように見えますか。右から選んで○をつけましょう。

5 常識（判断力）

- 女の子が、鉢植えのアサガオに毎日水をあげてお世話をしています。左端のように、今日は起きたら雨が降っていました。あなたならどうしますか。右から選んで○をつけましょう。

6 話の理解

- 今から果物の名前を言います。「メロン、イチゴ、リンゴ、バナナ」。今言った果物が、反対の順番で並んでいる四角に○をつけましょう。

7 言語（しりとり）

- 四角の中の絵をしりとりでできるだけ長くつないだとき、1つだけつながらないものに○をつけましょう。

集団テスト

⬛ リズム

「ツバメ」の曲に合わせて、テスターのまねをして踊る。

⬛ 行動観察（ジャンケンゲーム）

中央の机にピンポン球（白、オレンジ色）が入った箱、ウサギ、ネズミ、ライオン、トラの看板のある4つの机には空の箱が用意されている。ウサギ、ネズミ、ライオン、トラの4チームに分かれ、自分のチームの看板のあるコーナーから中央の机に向かってそれぞれ1列に並ぶ。各チームの先頭4人がテスターの合図でジャンケンし、勝ったら中央の机の箱から宝物としてピンポン球を1つ取る。自分のチームのコーナーに行き、取ったピンポン球を机の上の箱に入れたら、列の後ろに並ぶ。あいこと負けのときはそのまま列の後ろに並ぶ。次に先頭になった4人も同様にして、「やめ」の合図があるまでくり返し行う。

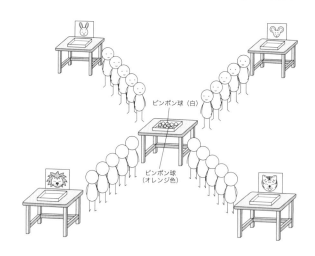

ピンポン球（白）
ピンポン球（オレンジ色）

⬛ 行動観察（玉入れゲーム）

白とオレンジ色の2チームに分かれて行う。各チームにカゴとピンポン球が用意されている。自分のチームの色のピンポン球を持って各自決められた線に立ち、一斉に投げて床にワンバウンドさせカゴに入れる。カゴから外れたら、拾って線に戻ってからまた投げてよい。ワンバウンドせずにカゴに入ったら、取り出してもう一度やり直す。「やめ」の合図があるまでくり返し行う。時間内にピンポン球をより多くカゴに入れたチームの勝ち。

🔊 行動観察（ジャンケンゲーム）

床に大きな四角い枠があり、4つの角にネズミ、トラ、サル、ウサギの看板が置かれている。ネズミ、トラ、サル、ウサギの4チームに分かれ、自分のチームの看板に移動して枠の線に並ぶ。隣の人とジャンケンをして勝ったら、次の動物の看板まで進んで、枠の線に並ぶ。負けたらその場に残る。次に隣になった人と同じようにジャンケンをしてくり返し、早く枠を1周して自分のチームの看板に戻った人が勝ち。ジャンケンをする相手は、自分のチームの人でも違うチームの人でもよい。

🔊 行動観察（お店屋さんごっこ）

床に赤と青の線が引いてある。室内の四隅にはケーキ屋、パン屋、アイスクリーム屋、果物屋の看板がつき品物カードが載っている机があり、中央の机には買った品物カードを入れるトレーが置いてある。2チームに分かれて赤と青の線の上に立ち、最初は赤チームがお店屋さん役、青チームがお客さん役をする。お店屋さん役は好きなお店に行って、お友達と相談しながら品物カードを並べる。お客さん役は自由にお買い物をして、終わったら買った品物カードを中央のトレーに種類ごとに入れる。途中でお店屋さん役とお客さん役を交代する。

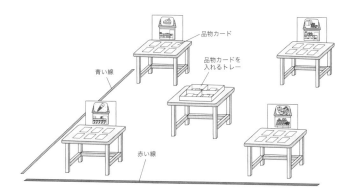

考査：2日目

個別テスト ┃ 3人1組で立ったまま行う。

🔊 言　語

キツツキ、鉄棒、傘、カキ、柵、扇風機、臼ときねなどが描かれた絵カードを見せられ、示されたものの名称を答える。

本 人 面 接　｜　1人ずつ立って行う。話すときはマスクを外す。

本 人

・お名前を教えてください。

・あなたの優しいと思うところを教えてください。

・幼稚園（保育園）でどういうときにほめられますか。

・幼稚園（保育園）の先生にどういうときにしかられますか。

・お家の人に「ありがとう」と言うのはどんなときですか。

・お友達に「ごめんなさい」と言うのはどんなときですか。

・小学生になったら何をしたいですか。

言語・常識（判断力）

・お友達の紙飛行機がなくなってしまいました。あなたならどうしますか。

・お友達が作っていた粘土のウサギが壊れてしまいました。あなたならどうしますか。

・お友達の虫カゴの中にいたバッタが逃げてしまいました。あなたならどうしますか。

・お友達に「外で遊ぼうよ」と声をかけられました。そこへもう1人のお友達が来て「お家で遊ぼうよ」と声をかけられました。あなたならどうしますか。

・お友達が、あなたが誘った遊びとは違う遊びをしたいと言って譲ってくれません。あなたならどうしますか。

・「わたしが飼っていたウサギが逃げちゃったの。探してくれない？」とお友達から言われました。あなたならどうしますか。

※解答後、さらに「それでも○○できなかったらどうしますか」などと質問されることもある。

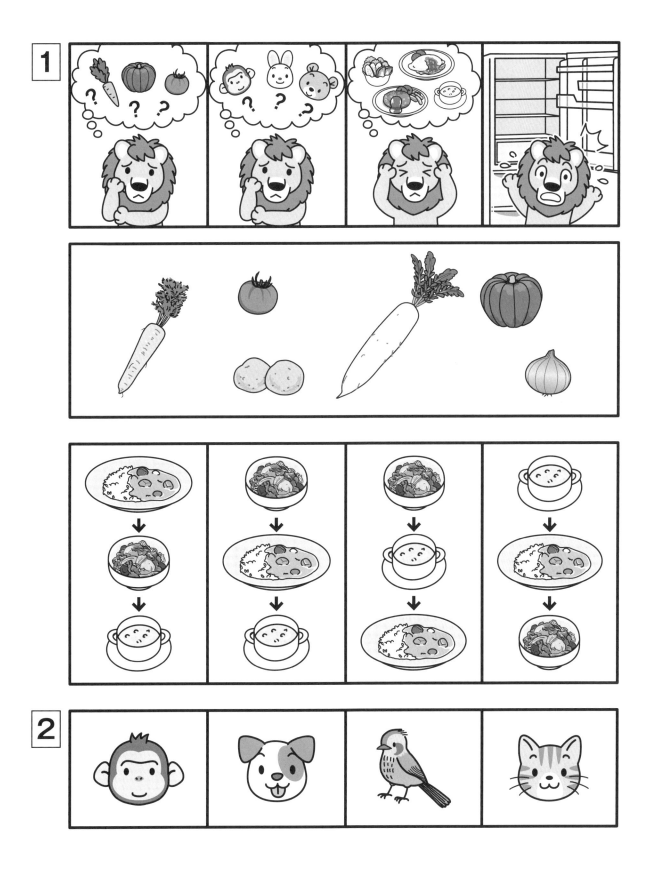

^{section} 2022 東京学芸大学附属大泉小学校入試問題

■ 選抜方法

| 第一次 | 男女別に志願者の男子約80％（586人）、女子約80％（593人）を抽選で選出。 |

| 第二次 | 第一次合格者を対象に男女別に考査を実施する。考査は2日間で、1日目に約18人単位でペーパーテスト、集団テスト、2日目に3人1組で個別テスト、本人面接を行う。所要時間は1日目が約1時間、2日目が約10分。 |

考査：1日目

■ ペーパーテスト ■ 筆記用具は鉛筆を使用し、訂正方法は ＝ （横2本線）。出題方法は音声。

1 話の記憶

「サル君、イヌ君、キジさんがおイモ掘りに出かけました。昨日、降っていた雨もすっかり上がり、今日はいいお天気です。『わーい、晴れたね。僕、おイモ掘りをとても楽しみにしていたんだ。たくさん掘りたいな！』とサル君はウキウキしています。イヌ君とキジさんは『昨日は雨がたくさん降ったから畑もぬかるんでいて、おイモが採れないかもしれないな』と何だか不安そうです。そして、動物たちがサツマイモ畑に着くと、畑にはたくさんのつるが伸びていました。それを見たサル君はいてもたってもいられず、すぐに畑の中にどんどん入っていきました。一番太くてしっかりしたつるを思い切り引っ張ると……『わーっ！ たくさんおイモがついているよ！』あまりにもたくさんのおイモがついているので、サル君は大喜び。それを見たイヌ君とキジさんも『さあ、僕たちも掘りに行こう！』とさっそく畑に入りました。それぞれおイモのつるを引っ張ると、大きなおイモがたくさんつながって出てきました。持ってきたカゴにおイモを入れて川に行って洗おうとしていると、サル君は『僕、もうこのまま食べるよ。だっておいしそうなんだもん！』と泥がついたままのおイモをかじってしまいました。イヌ君とキジさんは『きれいに洗って、お家に帰ってから焼きイモにして食べよう』と言って、大切にお家に持って帰りました」

・お話に出てこなかった動物に○をつけましょう。

・サル君が、おイモを掘った後にしたことは何でしたか。その絵に○をつけましょう。

・おイモ掘りに行く前、キジさんはどんな気持ちでしたか。その気持ちと合う絵に○をつけましょう。

2 常識（判断力）

- ・1段目です。公園に遊びに行くと、外国人の子どもが1人でお砂場で遊んでいました。あなたならどうしますか。自分ならこうすると思う絵に○をつけましょう。左から順に「知らん顔をして通り過ぎる」「自分から誘って一緒に遊ぶ」「見つかって声をかけられないように、木陰に隠れる」「知らない子なので、知らん顔をして1人で遊ぶ」です。
- ・2段目です。雨が降っている日に傘を持って電車に乗るとき、あなたならどうしますか。自分ならこうすると思う絵に○をつけましょう。左から順に「傘のバンドを留めずに手すりに掛ける」「傘のバンドを留めて手すりに掛ける」「傘のバンドを留めて自分で持つ」「お母さんに持ってもらう」です。

3 推理・思考（折り図形）

- ・折り紙を左端のように折りました。これを広げるとどのような折り線ができますか。右側から選んで○をつけましょう。

4 数量（対応）

- ・的当てをします。矢が的の一番外側に当たるとプレゼントを1個、そのすぐ内側に当たるとプレゼントを2個、真ん中の黒いところに当たるとプレゼントを3個もらえます。では、左端の絵のように的に矢が当たったとき、プレゼントは何個もらえますか。もらえる数だけプレゼントが描いてある四角に○をつけましょう。

5 話の理解

- ・今からお話しする順番に、絵を線でつなげましょう。最後までつないだら、最後の絵から最初の絵に戻るように線を結びましょう。「雪ダルマ、車、傘、靴下、はさみ」。

集団テスト

🔲 リズム

「恋」「HAPPINESS」「叱られたい!（『チコちゃんに叱られる!』のテーマ曲）」などの曲に合わせて、テスターのまねをして踊る。

🔲 行動観察

2人1組になり、黒チームと白チームに分かれて行う。床の上に、表面が白で裏面が黒の紙皿が表裏バラバラにたくさん並べてある。「始め」の合図で相手チームの色が表になっている紙皿を裏返して、自分たちのチームの色にしていく。「やめ」と言われるまで続け、

最後に表になっている色が多いチームの勝ちとなる。

行動観察（オニごっこ）

オニ役は、オニのお面（オニの顔が紙皿に貼られたもの）を胸の前に掲げ、歩いて追いかける。逃げる人は、両手を開き胸の前に出して、歩いて逃げる。オニにタッチされたら次のオニとなり、オニのお面を受け取ってその場で1回回ってから追いかけ始める。

行動観察

紙皿、フェルトペンが用意されている。紙皿に好きな動物の絵をフェルトペンで描く。完成したらテスターに見せ、その動物のまねをする。

考査：2日目

個別テスト | 3人1組で立ったまま行う。

言　語

扇風機、鍋、積み木、もちつき、すべり台で遊んでいるところなどが描かれた絵カードを見せられ、示されたものの名称や何をしているところかを答える。

本 人 面 接 | 1人ずつ立って行う。待っている間は同じ教室内でお友達と2人で相談しながら、絵の間違い探しをする。

本 人

・お名前、誕生日、年齢を教えてください。
・電話番号を教えてください。
・好きな遊びは何ですか。
・迷子になったらどうしますか。

言語・常識（想像力）

絵カードを見せられてお話を聞き、テスターからの質問に口頭で答える。お話と質問には以下のようなものがある。

・黒いクマ君と茶色いクマ君がオニごっこをしていました。黒いクマ君が茶色いクマ君に強くタッチしたら、茶色いクマ君が転んでしまいました。黒いクマ君はお家に帰ってその出来事をお母さんにお話ししました。どのように話したと思いますか。
・クマ君たちが空き地でキャッチボールをしていたら、よそのお家にボールが飛び込んで、

窓ガラスを割ってしまいました。クマ君たちは、お家に帰ってからその出来事をお母さんにお話ししました。どのように話したと思いますか。また、お母さんはクマ君たちに何と言ったでしょうか。

・男の子とお友達が駅のホームを走っていると、ベビーカーを押した女の人に注意されました。あなたが男の子なら何と答えますか。

1

2

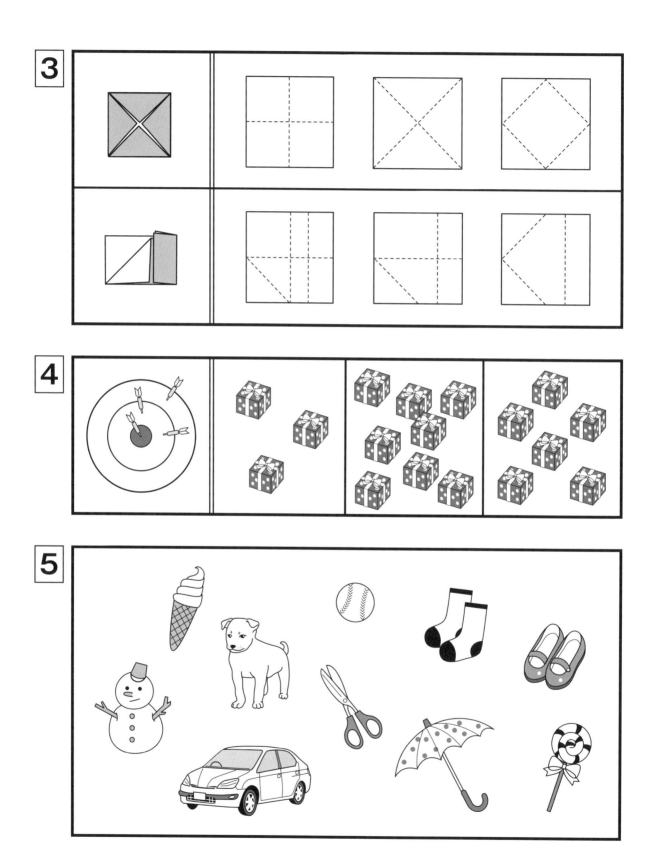

section 2021 東京学芸大学附属大泉小学校入試問題

■ 選抜方法

第一次 男女別に志願者の男子90％（583人）、女子約90％（591人）を抽選で選出。

第二次 第一次合格者を対象に男女別に考査を実施する。考査は2日間で、1日目に約18人単位でペーパーテスト、集団テスト、2日目に3人1組で個別テスト、本人面接を行う。所要時間は1日目が約1時間20分、2日目が約10分。

考査：1日目

ペーパーテスト

筆記用具は鉛筆を使用し、訂正方法は ＝ （横2本線）。出題方法は音声。

1 話の記憶

「穴の中のお家で、モグラ君がぐっすり眠っていたときのことです。何か冷たいものがポトン、ポトンと落ちてきてモグラ君に当たりました。その冷たさに驚いて目を覚ましたモグラ君は、『誰だい！　僕のお家に水を入れたのは！』と怒って穴から顔を出しました。あたりを見回すと、お日様がポカポカして積もった雪も溶けています。どうやら、溶けた雪が水になってモグラ君のお家に落ちてきたようです。『あれ？　何だか変だな』と、モグラ君が不思議に思って見ていると、どこからかウグイスのきれいな声が聞こえてきます。『おはようモグラ君。目が覚めた？』と、ウグイスさんは声をかけてきました。モグラ君が冬眠している間にすっかり暖かくなり、野原にはツクシも顔を出しています。暖かな太陽を浴びて『春って気持ちいいね』とモグラ君が言うと、ウグイスさんが『ホーホケキョ』と大きな声で鳴きました」

・目が覚めて穴から顔を出したとき、モグラ君はどんな顔をしていましたか。○をつけましょう。
・穴から顔を出したモグラ君が見て、不思議に思った様子の絵に○をつけましょう。

2 常 識

A
・1段目です。左端のものと仲よしのものを、右から選んで○をつけましょう。
・2段目です。左端のものを食べるときに使う道具を、右から選んで○をつけましょう。

・3段目です。左端のものの正しい使い方を、右から選んで○をつけましょう。

B
・1段目です。春のものではないものに○をつけましょう。
・2段目です。あなたがお出かけするとき、いつも持ち歩いているものに○をつけましょう。

3 常識（判断力）

・1段目です。横断歩道を渡るとき、あなたならどうしますか。自分ならこうすると思う絵に○をつけましょう。左から順に「本を読みながら渡る」「左右を見てから手を挙げて歩いて渡る」「歌を歌いスキップしながら渡る」「急いで走って渡る」です。
・2段目です。バスに乗っているとき、近くにいた女の人が手袋を落としました。女の人は落としたことに気づいていません。あなたならどうしますか。左から順に「バスの運転手さんに、『手袋が落ちていました』と言って渡す」「女の人に『落としましたよ』と言って渡す」「落としたことに気づいても、知らないふりをする」「手袋を拾ってバスから降りたら自分のかばんに入れる」です。

4 観察力（欠所補完）

・左端の絵の、クエスチョンマークのところにピッタリ入るものを、右側から選んで○をつけましょう。

5 話の理解

・今から言う順番に、絵を線で結びましょう。「星、月、靴下、ボール、いす」。

┃ 集団テスト ┃

🔲 リズム

「ドラガオじゃんけん」の曲に合わせて、テスターのまねをして踊る。

🔲 行動観察（進化ジャンケン）

2人1組になりジャンケンをし、お約束通りのポーズをとる。最初は2人ともヒヨコになる。勝つごとにヒヨコ→ウサギ→サル→人間という順番で進化していく。あいこのときはそのままで、負けたときはヒヨコに戻る。人間になったら、指定された色の線の上で体操座りをして待つ。
〈約束〉
・ヒヨコになったら、しゃがんで手をパタパタさせながら「ピヨピヨ」と言ってヒヨコの

まねをする。

- ウサギになったら、「ピョンピョン」と言って跳びはねる。
- サルになったら、腕を曲げて手を顔の上下にあて、「ウッキー」と言ってサルのまねをする。

📑 行動観察

教室内の4ヵ所に模造紙が置かれている。フェルトペンが6色用意されている。自分の好きな模造紙のところへ行き、好きな絵を自由に描く。フェルトペンは1本のみ使うというお約束がある。

考査：2日目

個別テスト ┃ 3人1組で立ったまま行う。

📑 言　語

積み木、キツツキ、せんべい、トマト、傘などが描かれた絵カードを見せられ、示されたものの名称を答える。

本 人 面 接 ┃ 1人ずつ立って行う。待っている間は同じ教室内で壁側を向いていすに座り、正面に貼られた絵の間違い探しをする。

本　人

- お名前を教えてください。
- あなたの家族はよく笑いますか。誰がどんなときに笑いますか。
- 自転車には乗りますか。
- ボール投げをしたことはありますか。
- お友達と走ってリレーをしたことはありますか。
- 一緒に遊ぶお友達はいますか。

6 言語・常識（判断力）

テスターから「リスが小さいタヌキと大きいタヌキを呼んで、『一緒にピザを食べようよ』と言いました」というお話を聞いた後、3枚の絵（ピザがそれぞれ3つに分けられている）を示される。リスがどのようにピザを切ったか考え、3枚の絵の中から選ぶ。また、なぜそのように切ったと思うか、その理由を答える。

section
2020 東京学芸大学附属大泉小学校入試問題

■ 選抜方法

| 第一次 | 男子・女子とも今年度は抽選がなかった。

| 第二次 | 男女別に考査を実施する。考査は2日間で、1日目に約15人単位でペーパーテスト、集団テスト、運動テスト、2日目に3人1組で個別テスト、本人面接を行う。所要時間は1日目が約1時間20分、2日目は約1時間。

| 第三次 | 第二次合格者による抽選。

考査：1日目

ペーパーテスト
筆記用具は鉛筆を使用し、訂正方法は ＝（横2本線）。出題方法は校内放送。

1 話の記憶・常識（判断力）

「今日は、よいもの探しのピクニックの日です。クマ君、キツネさん、ネコさんは、お弁当を持って出かけました。先頭はクマ君、次にキツネさん、最後にネコさんが歩きます。途中に、長くて急な坂道がありました。ネコさんが大変そうだったので、『僕がリュックサックを持ってあげるよ』とクマ君が言って、リュックサックを持ってあげました。そのうちに、ようやく川に着きました。3匹は川原でお散歩をしながら、何かよいものがないか探します。クマ君はハートの形の石を拾いました。キツネさんはきれいな葉っぱを拾いました。ネコさんは立派な鹿の角のような枝を拾いました。たくさん歩いておなかがペコペコになったので、リュックサックからお弁当を出して食べることにしました。クマ君はおにぎり、キツネさんはサンドイッチ、ネコさんは稲荷ずしを食べました。お弁当を食べ終わった後、川遊びが大好きなキツネさんとクマ君は、『わーい』と大喜びでひざのところまで川に入っていきましたが、ネコさんだけ川に入りません。どうやらネコさんは川が怖いようです」

・上の段です。川原でネコさんが拾ったものに○をつけましょう。
・下の段です。川に入れなかったネコさんに、キツネさんとクマ君はどうしたと思いますか。あなたならどうするかを考えて、合う絵に○をつけましょう。左から順に「『だいじょうぶだよ。おいでよ』と声をかける」「『どうして入らないの？　もう遊ばないよ』

と怒る」「ネコさんのことを心配しながら、そのまま2匹で遊ぶ」「ネコさんのそばに行って『一緒に行こう』と優しく声をかけて川へ連れて行ってあげる」です。

2 常　識

・1段目です。秋に咲く花に○をつけましょう。

・2段目です。卵で産まれる生き物に○をつけましょう。

・3段目です。ホースを使って遠くの畑に水をかけます。どのようにすると、水は遠くまで飛びますか。こうすればよいと思う絵に○をつけましょう。左から「頭の上でホースをぐるぐる回す」「上と下にホースを振る」「右と左にホースを振る」「ホースの先を指で押さえて少しつぶす」です。

3 常識（判断力）

・1段目です。家族みんなで夕ごはんを食べるとき、あなたならどうしますか。自分ならこうすると思う絵に○をつけましょう。左から順に「それぞれ本を読みながら食べる」「遊びながら食べる」「みんなでお話しししながら食べる」「おなかがすいて待てないので1人で先に食べる」です。

・2段目です。お友達が遊びに来て、一緒に折り紙を折ります。折り紙は赤と金色が2枚ずつありますが、自分もお友達も金色の折り紙が好きです。あなたならどうしますか。自分ならこうすると思う絵に○をつけましょう。左から順に「自分が金色の折り紙を2枚取る」「お互いに赤と金色を1枚ずつ取る」「自分が我慢して、赤を2枚取る」「お友達にどの折り紙がいいか聞いて、相談する」です。

・3段目です。外国人の男の子がお家に遊びに来ました。ごはんを食べるときに大きなお皿から自分のお皿に食べ物を取り分けたいのですが、外国人の男の子はおはしをうまく使えなくて困っています。あなたならどうしますか。自分ならこうすると思う絵に○をつけましょう。左から順に「知らんぷりをする」「黙って、自分のおはしで取ってあげる」「近くにいるお母さんに『教えてあげて』と頼む」「おはしの使い方を教える」です。

4 推理・思考

・長四角の画用紙を左端のように折り、点線のところで切りました。これを広げるとどのような形になりますか。右から選んで○をつけましょう。

5 数　量

・左の絵を見てください。上のお皿には、のりを巻いたおにぎり、白いおにぎり、梅干しのおにぎりが描かれている数だけありました。その後イヌがいくつか食べて、矢印の下のお皿のようになりました。イヌが一番たくさん食べたおにぎりはどれですか。右から選んで○をつけましょう。

集団テスト

リズム

「パプリカ」の曲に合わせて、テスターのまねをして踊る。

行動観察（ドミノ積み）

「○○（色、食べ物、動物など）好きな人集まれ」と声をかけて、自分たちでグループを作る。できたグループごとに、ドミノをできるだけ高く積む。

〈約束〉

・「ヨーイ、ドン」の合図で始め、「おしまい」と言われたらやめる。

・待っている間はドミノに触らない。

行動観察（ボール運び競争）

各グループで2人組になって並ぶ。小さいボールをお盆に載せて2人で運び、反対側にあるカゴに入れたらスタートラインまで走って戻り、次の組にお盆を渡す。

〈約束〉

・スタートラインから出ないで待つ。

・運んでいるときにボールを手で押さえてはいけない。

・ボールを落としたら、その場所で拾ってお盆に載せ、また運ぶ。

運動テスト

ジャンプ

短い線の上に立ち、テスターの「前」「後ろ」「右」「左」の号令に従って言われた方向へジャンプし、また線の上に戻る。「おしまい」と言われたら、両足を開き両手を横に伸ばして「パー」のポーズをとる。

考査：2日目

個別テスト

3人1組でいすに座って行う。

行動観察・生活習慣

（男子）

ペットボトルのキャップ15個が入った箱が机の上に用意されている。キャップを使って、各自自由に遊ぶ。その後テスターに、「どんなところが楽しいですか」「次に違う遊びをするならどんな遊びをしますか」などと質問される。終わったらキャップを元の箱に戻し、机の中に片づける。

（女子）

机の上に八つ切りの白い画用紙と、材料として枝や落ち葉の入った皿が用意されている。与えられた材料を紙の上に並べて、各自好きなものを作る。その後テスターに、「これは何ですか（名前をつけてください）」「誰に見せたいですか」などと質問される。終わったら材料を元の皿に戻し、机の中に片づける。ウェットティッシュで手をふき、ふき終わったらテスターに渡す。

本 人 面 接

3人1組でいすに座って行う。

本 人

・お名前と年齢を教えてください。
・今日は誰とどのようにして来ましたか。
・お手伝いをしますか。それはどのようなお手伝いですか。どのようなことに気をつけますか。
・生き物や花を育てていますか。何を育てていますか。お世話するときに気をつけることは何ですか。
・どんな生き物や花を育てたいですか。
・幼稚園（保育園）では歌を歌いますか。何を歌いますか。お友達で歌わない子がいたら、あなたはどうしますか。
・幼稚園（保育園）では踊りますか。何を踊りますか。お友達で踊らない子がいたら、あなたはどうしますか。
・幼稚園（保育園）ではどんな遊びをしますか。お友達で誰とも遊ばない子がいたら、あ

なたはどうしますか。

◼ 言　語

　　扇風機、キツツキ、せんべい、積み木、餅つき、園児と遊んでいる先生などが描かれた絵
　　カードを2枚ずつ示され、名称を答える。

section
2019 東京学芸大学附属大泉小学校入試問題

■ 選抜方法

| 第一次 | 男子・女子とも今年度は抽選がなかった。 |

| 第二次 | 男女別に考査を実施する。考査は2日間で、1日目に約15人単位でペーパーテスト、集団テスト、運動テスト、2日目に3人1組で個別テスト、本人面接を行う。所要時間は1日目が約1時間20分、2日目は約1時間。 |

| 第三次 | 第二次合格者による抽選。 |

考査：1日目

| ペーパーテスト | 筆記用具は鉛筆を使用し、訂正方法は ＝（横2本線）。出題方法は校内放送。

1 話の記憶・常識（判断力）

「今日は動物村の運動会。動物たちは、この日が来るのをとても楽しみにしていました。ウサギさんは、朝、目が覚めたときに『玉入れで1番になりたいな』と言いました。タヌキさんは、朝、目が覚めると、元気を出すために朝ごはんを何度もおかわりをして、たくさん食べました。そして『リレーで1等賞になりたいな』と言いました。カメさんは、朝、目が覚めたときに『雨が降らないかなぁ。かけっこは嫌だなぁ』と言いました。キツネさんは、朝、目が覚めてもお布団の中に潜っていました。なぜかというと、キツネさんは風邪を引いてしまったからです。いよいよ運動会が始まりました。かけっこでは、カメさんは走るのが遅くて抜かされて、最後になってしまいました。でも、カメさんは運動会の後、とてもうれしい気持ちでした。なぜかというと、昨日まで毎日練習してきて、今日は今までで一番速く走ることができたからでした。それに、みんなが心の底から応援してくれたからでした」

・上の段です。朝ごはんをたくさん食べた動物に○をつけましょう。

・同じところです。風邪で運動会に行けなかった動物に△をつけましょう。

・あなたなら、走るのを嫌がっているカメさんに何と言ってあげますか。下の段の合う絵に○をつけましょう。左から順に「君なら絶対1等賞をとれるよ」「みんな応援しているよ。頑張って」「君の分も頑張るよ」「風邪を引いたふりをするといいよ」です。

2 推理・思考（鏡映図）

- 上の段です。タヌキが鏡を見たら、左端のように顔に泥がついているのが見えました。では、鏡の前に立ったときのタヌキはどのような顔ですか。右側から1つ選んで○をつけましょう。
- 下の段です。クマが公園に行ってたくさん遊んだら、左端のように顔に泥がついてしまいました。では、鏡に映ったクマの顔はどのような顔ですか。右側から1つ選んで○をつけましょう。

3 数 量

- それぞれの段で、ドングリが一番多い四角に○をつけましょう。

4 常 識

- 空を飛ぶ生き物に○をつけましょう。

5 常識（判断力）

- 1段目です。公園に行ってきれいな葉を見つけたらあなたはどうしますか。自分ならこうすると思う絵に○をつけましょう。左から順に「汚いから見るだけにする」「集めた葉で何かを作る」「たき火をする」「葉をばらまいたり、蹴飛ばしたりして遊ぶ」です。
- 2段目です。遊園地で風船を持っていたら、風が吹いてきて空へ飛ばされてしまいました。あなたならどうしますか。自分ならこうすると思う絵に○をつけましょう。左から順に「泣いて『もう1つ買って』と言う」「泣かないで『買ってください』とお願いする」「我慢する」「見つかるまで探す」です。
- 3段目です。すべり台で遊ぼうと歩いていくと、小さい子が来て自分を抜かしていきました。あなたならどうしますか。自分ならこうすると思う絵に○をつけましょう。左から順に「順番を譲る」「小さい子に追い抜かされないように走る」「僕が先だよと小さい子に怒る」「じゃんけんして順番を決めようと言う」です。
- 4段目です。外国人があなたのいる小学校に入ってきて、「ボンジュール」とフランス語で話しかけてきました。あなたならどうしますか。自分ならこうすると思う絵に○をつけましょう。左から順に「知らんぷりをする」「日本の言葉で『こんにちは』とあいさつする」「遠くからじっと見る」「『ボンジュール』とにこにこしてあいさつする」です。

集団テスト

📖 リズム

「USA」の曲に合わせて、テスターのまねをして踊る。

🔲 行動観察（神経衰弱）

床の上に、裏が黒、黄色、赤、水色の16枚のカードがバラバラに並べてある。各チームで2人ずつ手をつないでカードのところまで走り、2人でカードを1枚ずつ裏返す。2枚とも同じ色なら横にあるカゴに入れ、違う色ならカードを元に戻す。2人一緒に元の場所に戻り、次の2人にタッチして、列の最後尾につく。「やめ」と言われるまでくり返す。

運動テスト

🔲 ケンパー

ぞうきんで上履きの底をふく→緑の線からスタートして、その先のもう1本の緑の線までケンパーケンパーケンケンパーで進む→線を越えたところで足をパーにしながら「バンザイ」のポーズをする。

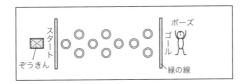

考査：2日目

個別テスト

立ったまま3人1組で行う。

🔲 常識（判断力）・言語

・レストランでごはんを食べていたら、ジュースをこぼしてしまいました。あなたならどうしますか。
・レストランでメニューを注文したら、嫌いなものが入っていました。あなたならどうしますか。
・お母さんとデパートに電車で行くとき、あなたは駅のホームでどんなことを守りますか。
・デパートでお母さんとはぐれてしまったら、あなたならどうしますか。
・(緑のドッジボールと、黄色のゴムボールを見せられて)あなたならどちらを選びますか。どうしてですか。
・(大きさが違うように分けられた丸いパンの絵を見せられて)あなたなら、どちらをお友達にあげますか。どうしてですか。

🔲 巧緻性

机に折り紙が複数枚用意されており、テスターが折り方（男子：チューリップ、女子：チョウチョ）を一度見せた後、一緒に1つ折る。その後テスターがストップウオッチで1分計測する間に、できるだけたくさんお手本と同じように折る。

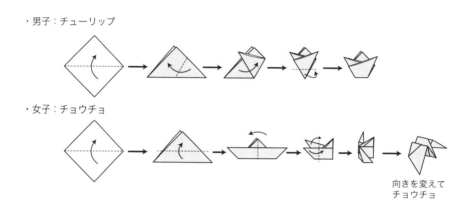

・男子：チューリップ

・女子：チョウチョ

向きを変えて
チョウチョ

本 人 面 接　│　机の前に立ち、3人1組で行う。

本 人

- お名前と年齢を教えてください。
- お誕生日を教えてください。
- 昨日、誰とお風呂に入りましたか。
- お昼ごはんを食べましたか。
- 好きなものと嫌いなものは何ですか。

🔲 言 語

扇風機、キツツキ、積み木、先生などの絵カードを2枚ずつ示され、名称を答える。

4

5

Bonjour!

こんにちは！ Bonjour!

.... Bonjour!

Bonjour! Bonjour!

section 2018 東京学芸大学附属大泉小学校入試問題

■ 選抜方法

| 第一次 | 男子は志願者の約90％（592人）を抽選で選出。女子は抽選がなかった。 |

| 第二次 | 第一次合格者を対象に男女別に考査を実施する。考査は2日間で、1日目に約15人単位でペーパーテスト、集団テスト、運動テスト、2日目に3人1組で個別テスト、本人面接を行う。所要時間は1日目が約1時間20分、2日目は約1時間。 |

| 第三次 | 第二次合格者による抽選。 |

考査：1日目

┃ ペーパーテスト ┃ 筆記用具は鉛筆を使用し、訂正方法は ＝（横2本線）。出題方法は校内放送。

1 話の記憶

「タヌキさんとウサギさんが、船に乗ってお菓子の島へ行きました。島にはクッキーでできたお家がありました。お家の中に入ったタヌキさんとウサギさんは、中にあったお菓子をたくさん食べました。ウサギさんは、この島にすみたくなりました。ところがタヌキさんが『おもちゃの島に行こうよ』と言うので、ウサギさんは『もっとお菓子の島にいたい』と言って泣いてしまいました。するとタヌキさんが『おもちゃの島に行った後で、もう一度戻ってこようね』と言ったので、ウサギさんはうなずいて泣きやみました。そこで一緒に船に乗って、今度はおもちゃの島へ行きました。今日はキツネさんのお誕生日だったのです。おもちゃ売り場に行き、キツネさんへのプレゼントにトラックのおもちゃを買いました。それからキツネさんのところに行き、『お誕生日おめでとう』と言ってプレゼントを渡したら、キツネさんは『ありがとう』ととても喜びました。それから、タヌキさんとウサギさんはお菓子の島へ戻りました」

・1段目です。今のお話に出てこなかった動物に○をつけましょう。
・2段目です。ウサギさんが泣きやんだのはなぜですか。お話に合う絵に○をつけましょう。左から順に「おなかが痛くてトイレに行ったら楽になったから」「お家に帰るから」「キツネさんに会えるから」「おもちゃの島に行った後、もう一度お菓子の島に戻ろうとタヌキさんが言ったから」です。

② 数　量

・左端の四角と同じ数だけ靴と長靴がある四角に○をつけましょう。
・3人の子どもたちにあげるのにちょうどよい数だけ帽子と手袋がある四角に○をつけましょう。

③ 構　成

・左端の四角にある形をちょうど作れるだけの積み木がある四角に○をつけましょう。

④ 推理・思考（対称図形）

・左端のように折り紙を折って、黒いところを切って開くとどのような形になりますか。正しいものに○をつけましょう。

⑤ 常　識

・上の段です。この中で土の中にできるものに○をつけましょう。
・下の段です。この中で、一度に一番多く人を運べる乗り物に○をつけましょう。

⑥ 常識（判断力）

・1段目です。麦茶の入ったコップを倒してこぼしてしまいました。あなたならどうしますか。自分ならこうすると思う絵に○をつけましょう。左から順に「泣く」「自分でふく」「そのままにして遊ぶ」「お母さんや先生にふいてもらう」です。
・2段目です。知らない外国人の女の子が、砂場で遊んでいます。あなたも砂場で遊びたくなりました。あなたならどうしますか。自分ならこうすると思う絵に○をつけましょう。左から順に「知らない子だから話さないで1人で遊ぶ」「入れてと言ったのに返事をしてくれないから、怒って『なんで返事をしないの』ときつく言う」「スコップを持ってきて優しく『一緒に遊ぼう』と言う」「お母さんを呼んでお母さんから説明してもらう」です。
・3段目です。お友達が作っていた積み木のお城をあなたが壊してしまいました。あなたならどうしますか。自分ならこうすると思う絵に○をつけましょう。左から順に「どうしたらよいか先生に聞く」「『どうせ変なお城だった』と怒って言う」「別のお友達のせいにする」「『ごめんね。一緒にもう一度作ろう』と言う」です。

▌ 集団テスト ▌

 リズム

「エビカニクス」の曲に合わせて、テスターのまねをして踊る。

🗨 行動観察（割りばし運びゲーム）

２人１組になり、１本の割りばしの両端をお互いの人差し指だけで挟むように支えて運ぶ。向こう側にある机に置いたら戻り、次の組にタッチしてリレー形式で競争する。途中で割りばしを落としたら、拾って落としたところからもう一度運び直す。待っている人は白い線のところに座って応援する。

運動テスト

🗨 ケンパー

ぞうきんで上履きの底をふく→緑の線からスタートして、その先のもう１本の緑の線までパーパーケンケン（またはパーケンケンパー）で進む→線を越えたところで足をパーにしながら「バンザイ」のポーズをする。

考査：2日目

個別テスト ｜ 立ったまま３人１組で行う。

🗨 表現力・生活習慣

たたんである正方形の白い布、黄色いおはじき約20個が用意されている。白い布を広げ、その上におはじきを置いて車や動物などを作る。終わったらおはじきを元に戻し、白い布も元のように折りたたむ。

本 人 面 接 ｜ 線のところに立ち、３人１組で行う。

本 人

・お名前と年齢を教えてください。
・お誕生日を教えてください。

言語・常識（想像力）

子どもの顔が描かれた3枚の絵カード（泣いている顔、笑っている顔、怒っている顔）のうち1枚を示され、「どのような気持ちの顔ですか」「なぜこのような気持ちになったと思いますか」（泣いている顔の絵カードで）「あなたならどのようにこの子に声をかけてあげますか」などの質問に答える。

section
2017 東京学芸大学附属大泉小学校入試問題

■ 選抜方法

| 第一次 | 男女別に志願者の約90％（男子521人、女子498人）を抽選で選出。 |

| 第二次 | 第一次合格者を対象に男女別に考査を実施する。考査は2日間で、1日目に約15人単位でペーパーテスト、集団テスト、運動テスト、2日目に3人1組で個別テスト、本人面接を行う。所要時間は1日目が約1時間20分、2日目は約1時間。 |

| 第三次 | 第二次合格者による抽選。 |

考査：1日目

┃ ペーパーテスト ┃ 筆記用具は鉛筆を使用し、訂正方法は ＝（横2本線）。出題方法は校内放送。

1 話の記憶・常識（判断力）

「クマさん、タヌキさん、ウサギさんは一緒にお祭りに行きました。お祭りには夜店がたくさん出ていました。『おいしそうなものがいっぱいあるね。みんなで別々のものを買って分けて食べようよ』と言って、3匹はそれぞれ何を買うか話し合いました。そしてクマさんはかき氷、タヌキさんがたこ焼き、ウサギさんがわたあめを買いました。『じゃあ、どんな順番で食べようか』と食べる順番を話し合っているうちに、クマさんとタヌキさんがけんかになってしまいました。クマさんは『最初にかき氷を食べよう』と言い、タヌキさんは『どうしても最初にたこ焼きを食べたい』と言って、どちらもゆずりません。それを見たウサギさんは『わたあめは最後に食べることにしていいよ』と言いました。するとクマさんも『じゃあ、かき氷は2番目でいいよ』と言いました。タヌキさんは『やったー』と言って、みんなで仲よくたこ焼きから食べ始めました。そして次にかき氷、最後にわたあめを食べました」

・1段目です。2番目にみんなで食べたものは何ですか。その絵に○をつけましょう。

・2段目です。あなたがもしタヌキさんなら、帰り道でどのように思いますか。1つ選んでその絵に○をつけましょう。左から順に「今度もみんなに言って自分の思い通りにしよう」「今度は1人でお祭りに行こう」「今日は譲ってもらったから、今度はお友達に譲ろう」「もっとたこ焼きを食べたかったなあ」です。

2 常　識

- 花に集まる虫に○をつけましょう。
- 球根から育つ花に○をつけましょう。
- 頭にかぶるものに○をつけましょう。

3 数　量

- 左のサイコロの目と同じ数のものを、右から選んで○をつけましょう。
- 四角の中に描いてあるフォークとスプーンを1本ずつセットにすると、セットはいくつできますか。その数だけすぐ下の長四角に○をかきましょう。
- 4人で同じ数ずつ分けられる数のアメが描いてある四角に○をつけましょう。
- 3人の子どもが同じ数ずつおはじきを持っています。全員のおはじきを合わせたら12個になりました。子どもはおはじきを1人何個持っていますか。その数だけおはじきがある四角に○をつけましょう。

4 構　成

- 左のお手本の形を作るのに使わない形を、右から選んで○をつけましょう。

5 常識（判断力）

- 1段目です。雨の日にお友達と遊ぶとき、あなたならどうしますか。自分ならこうすると思う絵に○をつけましょう。左から順に「外でサッカーをする」「部屋の中でトランプをする」「部屋の中でそれぞれ持ってきたゲームで遊ぶ」「部屋の中でオニごっこをする」です。
- 2段目です。お友達の外国人の女の子が、お家に遊びに来てすごろくをしました。でもその女の子が、ルールを間違えてしまいました。あなたならどうしますか。自分ならこうすると思う絵に○をつけましょう。左から順に「自分1人で遊ぶ」「怒ってその子に『違うよ』と言う」「お手本を見せながら教えてあげる」「お母さんを呼んでお母さんから説明してもらう」です。
- 3段目です。公園でたくさん遊んだ後、電車に乗ってずっと立っていたので疲れてしまいました。あなたならどうしますか。自分ならこうすると思う絵に○をつけましょう。左から順に「空いている席を探しに行く」「床に座る」「お母さんに抱っこしてもらう」「我慢して頑張って立っている」です。

集団テスト

📇 リズム

「ＰＰＡＰ」の曲に合わせて、テスターのまねをして踊る。

📇 行動観察

5人1組のグループに分かれて行う。紙コップ10個と紙玉が机の上に置いてある。グループで相談して紙コップの積み方や投げる順番を決める。決まったら、協力して紙コップを積み、順番に紙玉を投げて当てて遊ぶ。時間内に何度行ってもよいが、青い線から出て投げてはいけないというお約束がある。「やめましょう」と言われたらトレーに片づける。

▋ 運動テスト ▋

📇 ケンパー

ぞうきんで上履きの底をふく→スタートの緑の線から、ケンパーケンケンパーで進む→ゴールの緑の線を越えたところで足をパーにしながら両手を上げて「バンザイ」のポーズをする→紙皿の上に片足を乗せて立ち、もう片方の足で床をけって1回転する。

考査：2日目

▋ 個別テスト ▋ 立ったまま3人1組で行う。

📇 生活習慣

Ａ4サイズのカゴの中に、大きさの違う折り紙数枚と、ハンカチまたはタオル、鉢巻き、鉛筆10本、ペンケースがバラバラに入っている。
・カゴの中のものを整理して片づけましょう。

📇 表現力・劇遊び（オオカミと子ブタ）

テスターが「オオカミが来たぞー」「ガオー」などオオカミのセリフを言い、子どもたちは子ブタのセリフを自分で考えて言う。動きの指示はされないが動きを入れてもよい。途中でオオカミと子ブタの役を交代して行う。セリフ以外は言ってはいけないというお約束

がある。

本人面接 | 線のところに立ち、3人1組で行う。

本人

・お名前と年齢を教えてください。
・お誕生日はいつですか。
・どんな本が好きですか。どんなときに読んでもらいますか。

言語

もちつき、扇風機、眼鏡、キツツキ、運動会、お風呂、プールなどの絵カードから1枚を示され、名称を答える。

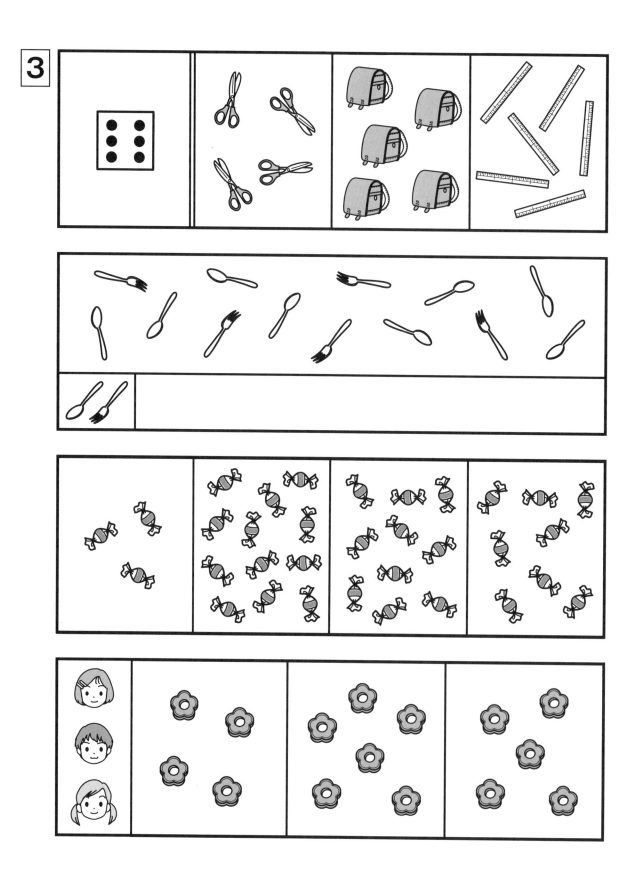

選抜方法

| 第一次 | 男女別に志願者の男子約70％（482人）、女子約80％（463人）を抽選で選出。 |

| 第二次 | 第一次合格者を対象に男女別に考査を実施する。考査は2日間で、1日目に約15人単位でペーパーテスト、集団テスト、運動テスト、2日目に3人1組で個別テスト、本人面接を行う。所要時間は1日目が約1時間45分、2日目は約1時間。 |

| 第三次 | 第二次合格者による抽選。 |

考査：1日目

ペーパーテスト

筆記用具は鉛筆を使用し、訂正方法は ＝（横2本線）。出題方法は校内放送。内容は男女によって異なる。

1 話の記憶

「クマさんとネコさんとリスさんが遠足で山登りをしました。山を登っていると、クマさんの頭にクリが落ちてきました。クマさんたちがびっくりして上を見ると、大きなクリの木がありました。あたりにはイチョウの木やモミジの木もありました。クマさんたちはドングリやクリの実を拾い、お昼になったのでリュックサックからお弁当を出して食べました。お弁当を食べ終わって山を下りていると、途中でネコさんが転んでけがをしてしまいました。クマさんがネコさんのリュックサックを持ってあげ、リスさんが『ゆっくり行こうね』と言って、ネコさんを励ましながら歩いて山を下りました。3匹は無事お家に着くことができました」

・今のお話に出てこなかったものに○をつけましょう。
・今のお話に合う絵を選んで○をつけましょう。

2 構 成

・左端の三角と右のどの形を合わせたら四角ができますか。その形を選んで○をつけましょう。

3 推理・思考（対称図形）

・左端のように折り紙を折って、黒いところを切って開くとどのような形になりますか。右側から正しいと思うものを選んで○をつけましょう。

4 数量（対応）

・3人で食事をするときにちょうどよい数のお茶わん、お皿、おはしが描いてある絵を選んで○をつけましょう。

5 常　識

・ダンゴムシを触るとどのようになりますか。左から順に、「そのまま変わらない」「丸くなる」「角が出る」「体が伸びる」です。こうなると思う絵に○をつけましょう。

6 常識（判断力）

・1段目です。外国人のお友達の女の子が、あなたのお家に珍しいおもちゃを持ってきました。あなたならどうしますか。自分ならこうすると思う絵に○をつけましょう。左から順に「遊び方がわからないから遊ばない」「外国人の女の子からおもちゃを無理やり取って1人で遊ぶ」「遊び方がわからないのでほかのおもちゃで遊ぶ」「遊び方を外国人の女の子から聞いて仲よく遊ぶ」です。

・2段目です。外国人の男の子が絵本を読んでいます。あなたも読みたくなりました。あなたならどうしますか。自分ならこうすると思う絵に○をつけましょう。左から順に「『僕が先に読むから後で読んで』と言う」「『ジャンケンをして勝った人が読もう』と言う」「『読み終わったら貸して』と言う」「『僕の持っている本と交換して』と言う」です。

・3段目です。駅で電車を待つときにあなたはどうしますか。自分ならこうすると思う絵に○をつけましょう。左から順に「線の内側で黙って立って待つ」「お友達と遊びながら待つ」「線より外側で静かに立って待つ」「線の内側でしゃがんで待つ」です。

・4段目です。寝る前にやってはいけないことを選んで○をつけましょう。左から順に「歯磨きをする」「テレビを見る」「トイレに行く」「パジャマに着替える」です。

集団テスト

■ リズム

「おどるポンポコリン」の曲に合わせて、テスターのまねをして踊る。

■ 行動観察（ドミノ遊び）

4、5人のグループに分かれ、用意された3色のドミノを使って行う。おにぎりとボールの絵を示され、グループでどちらか1つを選ぶ。それを上から見たときの形になるようド

ミノを並べ、形ができたら倒して遊ぶ。時間内に何度行ってもよいが、選んだ形は変えてはいけない。「やめましょう」と言われたらドミノを色別にトレーに片づける。3つのグループで順番に行い、ほかのグループが行っているときは決められた場所に座って待つ。

運動テスト

📕 ケンパー

ぞうきんで上履きの底をふく→白の線から緑の線まで歩く→緑の線からその先のもう1本の緑の線にちょうどゴールできるように、ケンパーケンケンパーで進む→ゴールの線を越えたところで、足をパーにしながら両手を上げて「バンザイ」のポーズをする。

考査：2日目

個別テスト　｜　立ったまま3人1組で行う。

📕 生活習慣・巧緻性

（男女共通）

机の上に大豆が20個入った紙皿、紙コップ、おはしが用意されている。「始め」と言われたらおはしを持ち、紙皿の上の大豆をおはしでつまんで紙コップに移す。「やめ」と言われたらおはしを置く。紙皿と紙コップは手で持たない、机や床に落ちた大豆は拾わないというお約束がある。

📕 表現力

（男子）

3人で「チューリップ」の歌を歌う。その後1人ずつ自分の好きな歌を歌う。

（女子）

「ふんわりふくらむ風船」「弾んだり転がったりするボール」「風に吹かれたモミジ」など3人それぞれ言われたものになり、その様子を体で表現する。

本 人 面 接 ┃ 線のところに立ち、3人1組で行う。

本 人

・お名前を教えてください。
・お母さんの作るお料理で好きなものは何ですか。
・普段お母さんと何をして遊びますか。
・大人と一緒にすることで楽しいと思うことはどのようなことですか。

言 語

自動販売機、キツツキ、包丁、幼稚園（保育園）の先生、ハシゴ、空き缶などの絵カードから1枚を示され、名称を答える。

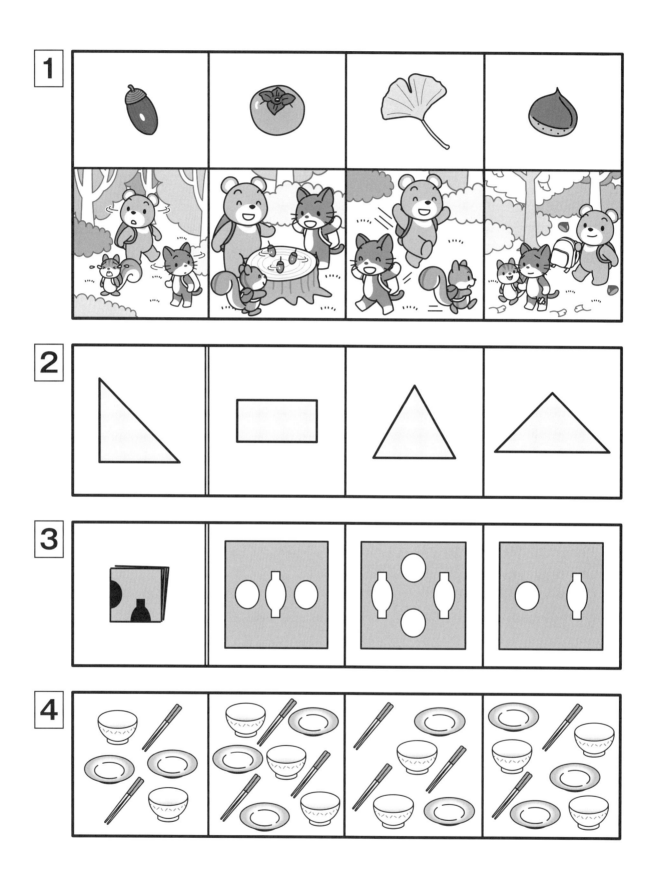

■ 選抜方法

| 第一次 | 男女別に志願者の約80％（男子475人、女子447人）を抽選で選出。 |

| 第二次 | 第一次合格者を対象に男女別に考査を実施する。考査は2日間で、1日目にペーパーテスト、集団テスト、運動テスト、2日目に3人1組で個別テスト、本人面接を行う。所要時間は1日目が約1時間、2日目が10〜30分。 |

| 第三次 | 第二次合格者による抽選。 |

考査：1日目

■ ペーパーテスト

筆記用具は鉛筆を使用し、訂正方法は＝（横2本線）。出題方法はテープ。内容は男女によって異なる。

1 話の記憶

「キツネさんとクマ君とウサギさんが、みんなで宇宙の絵を描こうとしています。ウサギさんが『わたしは月の絵を描きたいわ』と言いました。クマ君は『僕は流れ星の絵を描きたいな』と言いました。キツネさんは『わたしはロケットの絵を描きたいわ』と言いました。ウサギさんは『月がいいわ』と言い、キツネさんは『絶対にロケットがいい』と言って言い合いになってしまい、ウサギさんがとうとう泣き出してしまいました。クマ君は最初は見ているだけでしたが、ウサギさんが泣いてしまったのを見て言いました。『僕は、みんなが自分の描きたいものを描きたい気持ちがよくわかるよ。僕だって流れ星を描きたいよ……。そうだ、みんなが描きたいものをまとめて描こうよ』。クマ君が言ってくれたおかげで、みんなで楽しくすてきな絵が描けました」

・1段目です。描きたいものをまとめて描こうと言ったのは誰ですか。その動物に○をつけましょう。
・2段目です。動物たちが描いた絵はどんな絵になったと思いますか。合う絵に○をつけましょう。
・3段目です。なぜ、みんなで絵が描けたと思いますか。その理由に合う絵に○をつけましょう。

2 **数量（対応）**

- 左端の四角の中の子どもたちが食べるときにちょうどよい数のお茶わんとおはしが描いてある絵を、右側から選んで○をつけましょう。
- 左端の四角の中の子どもたちが履くのにちょうどよい数の靴が描いてある絵を、右側から選んで○をつけましょう。

3 **常識（判断力）**

- 1段目です。お友達とお庭で遊んでいたら急に雨が降ってきました。あなたならどうしますか。自分ならこうすると思う絵に○をつけましょう。左から順に「雨の中で遊ぶ」「水たまりで遊ぶ」「自分だけお家に入る」「お友達と一緒にお家へ入る」です。
- 2段目です。お母さんが熱を出してしまいました。おなかがすいたので台所に行くと、お母さんが夕ごはんの支度をしてくれています。あなたならどうしますか。自分ならこうすると思う絵に○をつけましょう。左から順に「お母さんに『早く用意して』と言う」「冷蔵庫の中にあるものを勝手に食べる」「お母さんのお手伝いをする」「『おなかがすいた』と言って泣く」です。
- 3段目です。初めて会う外国人の子どもがお家に来ていました。あなたならどうしますか。自分ならこうすると思う絵に○をつけましょう。左から順に「自分の部屋に隠れる」「自分だけテレビを見る」「自分だけ外へ遊びに行く」「知っている外国の言葉で話してみる」です。

4 **推理・思考（回転図形）**

- 左端の形を何回か回した様子の絵で、正しいものを右側から探して○をつけましょう。

集団テスト

✎ リズム

「ようかい体操第一（『妖怪ウォッチ』のテーマ曲）」の曲に合わせて、テスターの踊りをまねして踊る。

✎ 行動観察（コップ積み上げ競争）

黄色、ピンク、オレンジ色のリボンのついたリス、クマ、ネコなどの動物が描いてある絵カードのペンダントを首から下げ、リボンの色ごとに5人ずつの3チームに分かれる。各チームに白の紙コップ、段ボール紙のピンクのコップ、プラスチック製の透明コップがたくさん入った箱が用意されている。チームごとに箱の中のコップを使って、お友達と協力

して高く積み上げる競争を行う。在校生が積み上げるお手本を見た後に行う。

運動テスト

ケンパー

線の上をケンケンパーで進む。パーのときに足と一緒に両手も斜め上に開いてポーズをとる。

考査：2日目

個別テスト

立ったまま3人1組で行う。

巧緻性

（男子）

お家の絵が描いてある2枚の紙が各自の机の上に置いてある。左側の絵のお家はドアが閉まっていてお家の前に草が描いてあり、紙の上部にのりしろの斜線がかかれている。右側のお家の絵はドアが開いていてお家の前に1匹のイヌとエサの入っている皿と草が描いてある。左側の絵ののりしろ部分にのりをつけ、右側の絵を上に重ねて貼る。のりはつぼのりと液体のりの2種類があり、どちらを使ってもよいと指示される。

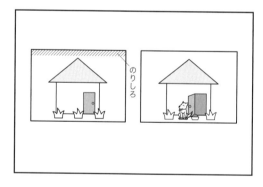

生活習慣

（女子）

ピンクの色水の入ったペットボトルと4つの透明なプラスチックコップ、台ふきんが各自の机の上に置いてある（コップには黒い線がかいてあり、4つ並べて置いてある左の3つは同じ高さに、右端の1つだけほかの3つの2倍の高さの位置に線がかいてある）。

・ペットボトルの色水をコップの黒い線のところまで注ぎましょう。左の3つのコップはそれぞれ1回で色水を注ぎ、右端のコップには2回に分けて色水を注ぎます（テスター

がコップに注ぐお手本を見せ、注いだコップはテスターの前に置かれる）。色水をこぼして机をぬらしてしまったら、置いてある台ふきんでふきましょう。

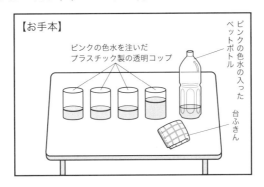

【お手本】

ピンクの色水を注いだ
プラスチック製の透明コップ

ピンクの色水の入ったペットボトル

台ふきん

本 人 面 接

線のところに立ち、3人1組で行う。

本　人

・お名前と年齢を教えてください。

・おもちゃで好きなものは何ですか。どんなおもちゃですか。どのように遊ぶのですか。

・好きな動物は何ですか。どうして好きなのですか。

言語・常識

扇風機、掃除機、横断歩道など日常生活の中で目にするものが描かれている絵カードの中から1つを示され、名称を答える。

1

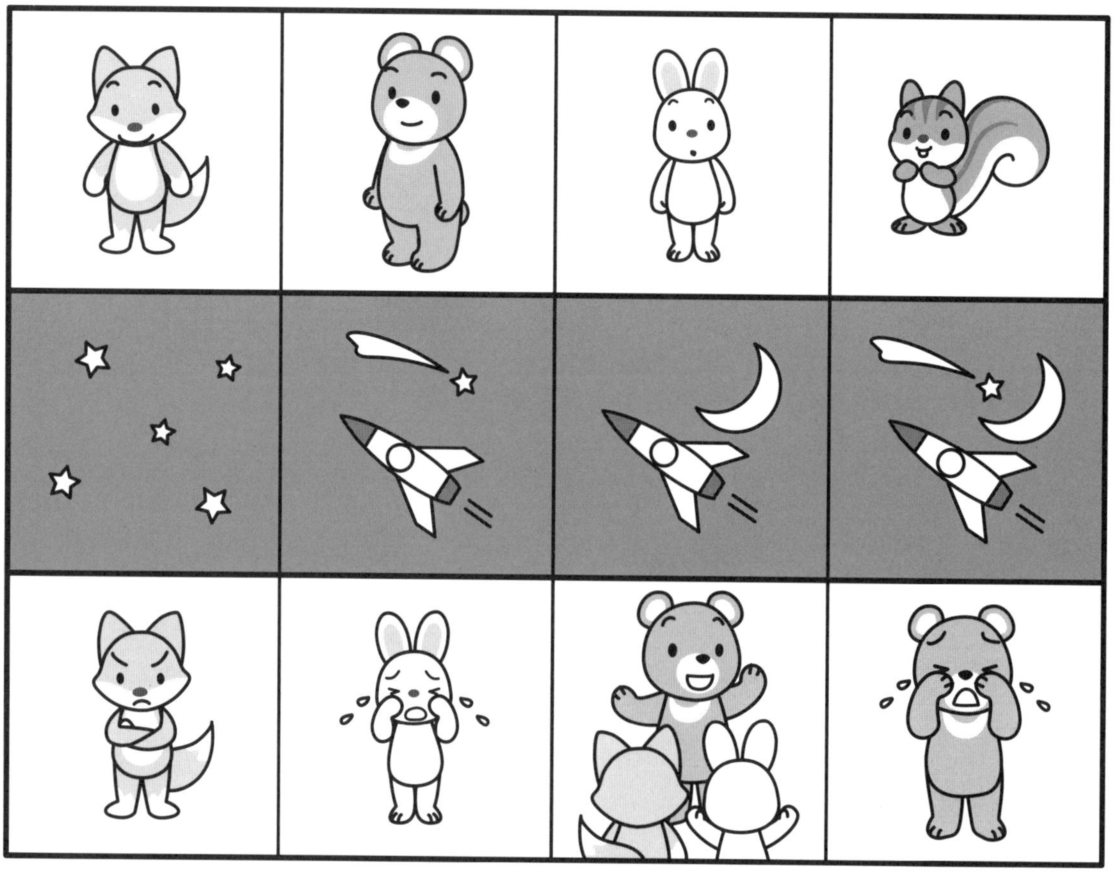

2

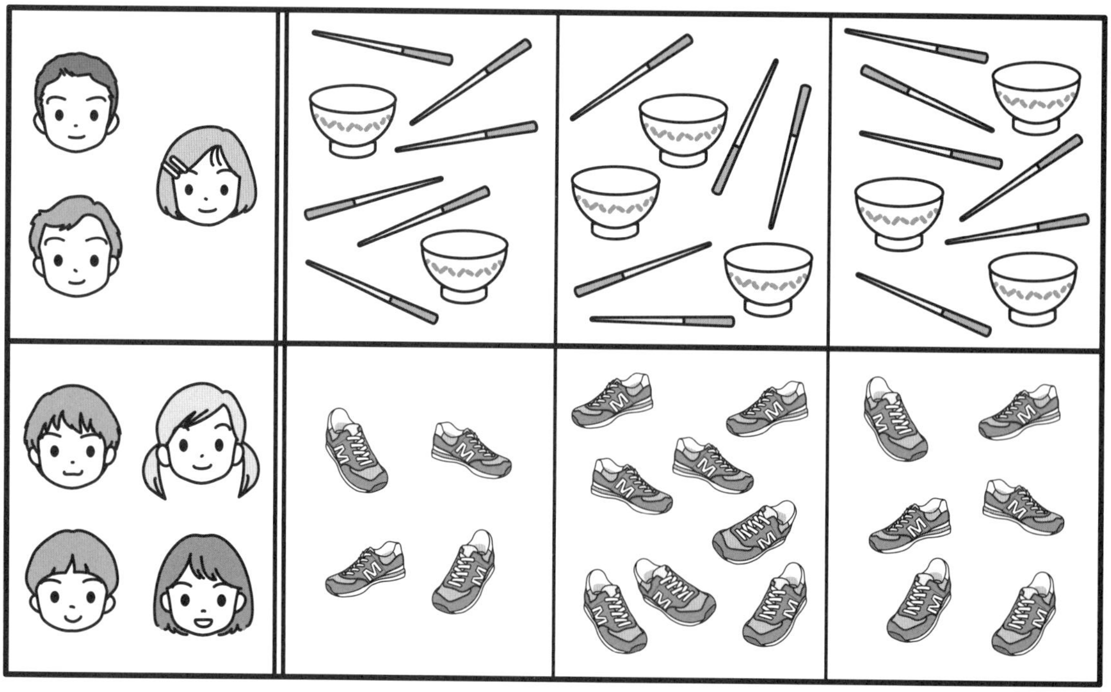

2014 東京学芸大学附属大泉小学校入試問題

■ 選抜方法

| 第一次 | 男女別に志願者の約70％（男子486人、女子433人）を抽選で選出。 |

| 第二次 | 第一次合格者を対象に男女別に考査を実施する。考査は2日間で、1日目にペーパーテスト、集団テスト、運動テスト、2日目に3人1組で個別テスト、本人面接を行う。所要時間は1日目が約1時間、2日目が約30分。 |

| 第三次 | 第二次合格者による抽選。 |

考査：1日目

■ ペーパーテスト

筆記用具は鉛筆を使用し、訂正方法は＝（横2本線）。出題方法はテープ。内容は男女によって異なる。

1 話の記憶

「ウサギさんとキツネ君が公園であやとりをして遊んでいました。するとクマさんがやって来て『みんなで砂場で遊ぼうよ』と言ったので、みんなは砂場でお城を作ることにしました。ウサギさんが『もうすぐできそうね』と言いました。クマさんが『屋根が壊れそうだね』と言って直そうとしたところお城が全部壊れてしまったので、クマさんは泣いてしまいました。ウサギさんとキツネ君が『もう一度作ろうよ』と励ますとクマさんは泣くのをやめて、もう一度みんなでお城を作りました。さっきよりもすてきなお城ができあがりました」

・上の段です。最初にあやとりをして遊んでいた動物全部が描いてある四角に○をつけましょう。
・下の段です。クマさんはどうして泣くのをやめたのですか。合う絵に○をつけましょう。

2 常識（判断力）

・上の段です。夕ごはんのときにあなたの嫌いな食べ物が出てきたらどうしますか。自分ならこうすると思う絵に○をつけましょう。左から順に「頑張って食べる」「落としてしまえば食べなくてよいので落とす」「お母さんに食べなくてもいいですか、と聞く」「食べるのが嫌で泣く」です。

・真ん中の段です。外国人のお友達と一緒にお弁当を食べていました。すると、お友達の お弁当にはこれまで見たこともない食べ物が入っていました。あなたならどうしますか。 自分ならこうすると思う絵を2つ選んで○をつけましょう。左から順に「その子とはお 友達にならない」「何という食べ物なのか聞く」「どんな味なのかなあと思って見てい る」「一緒に食べる」です。

・下の段です。公園にお菓子が落ちていたらどうしますか。自分ならこうすると思う絵に ○をつけましょう。左から順に「拾って食べる」「そのままにする」「拾ってゴミ箱に捨 てる」「足でけって捨てる」です。

3 構　成

・形を組み合わせてお手本の形を作りました。左の形を作ることができる四角を右側から 選んで○をつけましょう。

4 数量（対応）

・おはしとお茶わんとおわんを組み合わせたとき、数がちょうどピッタリになる四角に○ をつけましょう。

5 音の記憶

「動物たちが太鼓をたたきます。クマさんがたたきます。『トーン・トーン・トーン』。ウ サギさんがたたきます。『トントン・トトトン・トントントン』。ブタさんがたたきます。 『トトトン・トトトン』」

・では次の太鼓の音はどの動物がたたきましたか（「トントン・トトトン・トントントン」 と太鼓の音が聞こえてくる）。太鼓をたたいた動物に○をつけましょう。

集団テスト

🔊 リズム

「にんじゃりばんばん」の曲に合わせて、いすに座ったままテスターの踊りをまねして踊 る。

🔊 行動観察（玉入れゲーム）

ウサギチームとキツネチームに分かれて自分たちのチームの箱の中に玉を入れる。各チー ム内で、赤や青など2色のうちどちらかの鉢巻きを輪にしたものを首にかける。赤の人は 玉入れをする役、青の人は、新聞を丸めて玉を作る役になる。途中で役を交代する。

〈約束〉

・投げる人は緑のラインから出てはいけない。

・玉を作る人は作った玉を投げる人に渡す。

・玉は一度に1個だけを渡す。

・入らなかった玉は作る人が拾いに行く。

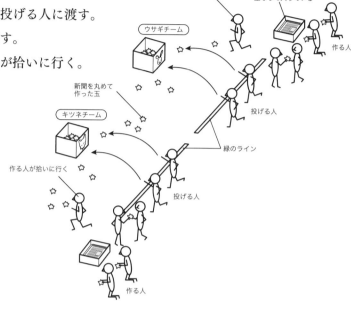

作る人が拾いに行く

箱の中に新聞が
重なって入っている

ウサギチーム

作る人

新聞を丸めて
作った玉

投げる人

キツネチーム

緑のライン

作る人が拾いに行く

投げる人

作る人

運動テスト

屈 伸

号令に合わせ、ひざの屈伸をする。

ケンパー

ぬれたぞうきんで足をふいた後、青いラインから約3m先にある青いラインまでケンケンパーを2回行う。最後のパーでは両手も足と一緒に開いてポーズをとる。

考査：2日目

個別テスト

立ったまま3人1組で行う。

生活習慣

（男女共通）

たたんであるスモックを着る。6の巧緻性の課題の後、スモックを脱ぎ、元のようにたたむ。

6 巧緻性

（男子）
カブの絵が描かれている青い紙を太い線に沿ってちぎる。

（女子）
バナナの絵が描かれている黄色い紙を太い線に沿ってちぎる。

本 人 面 接　　線のところに立ち、3人1組で行う。

本　人

・お名前を教えてください。
・どんなときにお母さんにほめられますか。
・どんなときにお母さんにしかられますか。
・お友達に何をされたら嫌ですか。
・お外で（お風呂で、お家で、お店でなど）ほめられたことはありますか。
・お外で（お風呂で、お家で、お店でなど）しかられたことはありますか。

言　語

ツバメ、ツクシ、積み木、七五三、お地蔵さんが描かれたカードの中から1つを示され、名称を答える。

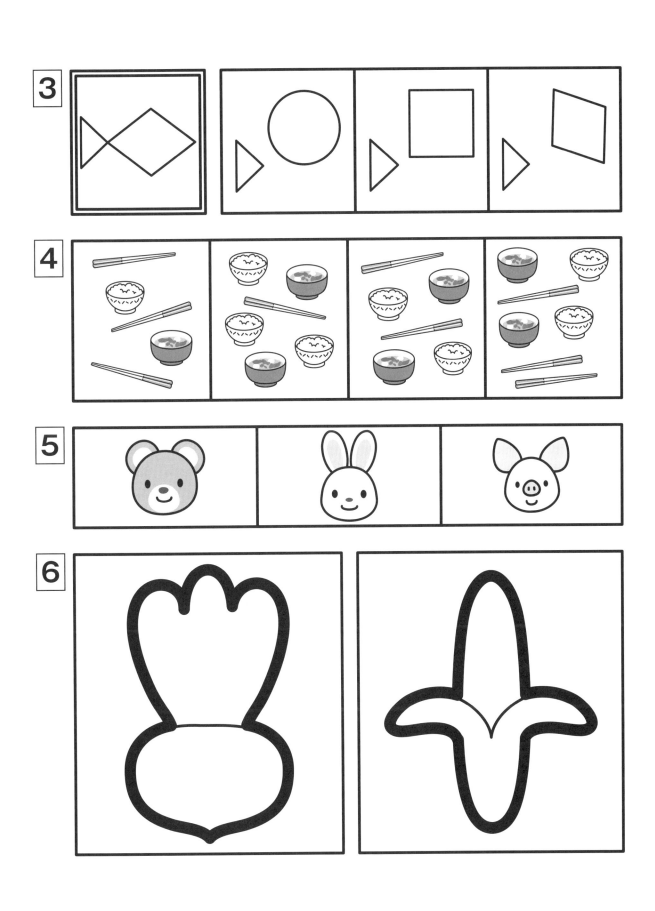

2013 東京学芸大学附属大泉小学校入試問題

■ **選抜方法**

| 第一次 | 男女別に志願者の約60％（男子421人、女子419人）を抽選で選出。 |

| 第二次 | 第一次合格者を対象に男女別に考査を実施する。考査は2日間で、1日目にペーパーテスト、集団テスト、運動テスト、2日目に3人1組で個別テスト、本人面接を行う。所要時間は1日目が約1時間15分、2日目が約50分。 |

| 第三次 | 第二次合格者による抽選。 |

考査：1日目

■ **ペーパーテスト** ┃ 筆記用具は鉛筆を使用し、訂正方法は＝（横2本線）。出題方法はテープと一部口頭。内容は男女によって異なる。

1 **常　識**

・アリがすんでいるところの絵に○をつけましょう。

2 **数量（対応）**

・上の段です。左端のカップとお皿と同じ数のものを、右側から選んで○をつけましょう。
・左端のコップとストローと同じ数のものを、下の段の右側から選んで○をつけましょう。

3 **観察力（同図形発見）**

・左端の絵と同じ絵を右側から選んで○をつけましょう。

4 **常識（判断力）**

・外国人のお友達が靴のまま教室に入ろうとしています。あなたならどうしますか。自分ならこうすると思う絵を2つ選んで○をつけましょう。左から順に「先生が教えてくれるからほうっておく」「下駄箱を教えてあげる」「下駄箱まで手をつないで連れていってあげる」「別のお友達に下駄箱を教えてあげてとお願いをする」です。

5 **常　識**

・遠足に持っていくものに○をつけましょう。

6 話の記憶

「タヌキのみどりちゃんが、12月の音楽発表会に出るので太鼓をたたく練習をしています。太鼓を上手にたたくことができずに困っていると、ライオンのレオ君がやって来て『もっと強くたたいたら』と言いました。みどりちゃんが思い切ってたたいてみると、『ドンドンドン』と大きな音になってしまい、『ちょっとうるさいね』とレオ君に言われてしまいました。次にネズミのチューちゃんがやって来て、『もう少し優しくたたいてみたら』と言いました。みどりちゃんは優しくたたいてみましたが、今度は『トントントン』と小さな音になってしまい、『小さすぎるね』とチューちゃんに言われてしまいました。タヌキのみどりちゃんは上手にできずに泣いてしまいました。するとキツネのコンちゃんがやって来て、『いい音を出すやり方を教えてあげる』と言ってくれました。その後、タヌキのみどりちゃんはひとりで夜遅くまで練習を続けて、音楽発表会の日に太鼓を上手にたたくことができました」

・上の段です。今のお話に出てきた動物2匹に○をつけましょう。
・下の段です。タヌキのみどりちゃんはどのように練習をして、発表会で太鼓を上手にたたくことができましたか。合う絵に○をつけましょう。

7 常識（想像力）

・車のおもちゃを作りたいと思います。タイヤを作るときにどれを使いますか。自分ならこれを使うと思うものを2つ選んで○をつけましょう。

8 生活習慣

・あなたがいつもしていることに○をつけましょう。

集団テスト

行動観察（カード絵合わせゲーム）

赤チームと青チームの10人ずつのグループに分かれて行う。各自、チームの色の鉢巻きを輪にしたものを首にかける。2枚1組で完成する絵(カブトムシやウマなどの生き物約10種類)になっているパズルが、床に30枚ほど裏返しでバラバラに置いてあるので、神経衰弱の要領で同じチームのお友達と2人1組で絵柄の合うパズルを探す。笛の音が鳴ったら始める。必ず1人1枚ずつめくり、パズルの絵が合わないときはパズルを2枚とも裏返しにして戻す。絵が合ったら1人1枚ずつパズルを持ち、自分のチームの色の四角の枠に2人でパズルの絵を合わせて並べる。「やめ」の合図で、初めに並んでいた場所に戻り

体操座りをする。

運動テスト

■ ケンパー

緑の線から3mくらい先にある緑の線までケンケンで進み、指定の場所で両手足をパーに開くポーズをする。

考査：2日目

個別テスト　｜　立ったまま3人1組で行う。

9 巧緻性（お家作り）

（男子）

三角屋根のお家の絵が描かれているB5判の画用紙、12色の色鉛筆、サックつきのはさみが机の上に置いてある。テスターがお手本を見せながら説明をする。

・線で上下に分けられた屋根を好きな2色の色鉛筆で塗りましょう。

・お家の形の周りの黒線に沿ってはさみで切りましょう。

（女子）

三角屋根のお家の絵が描かれているB5判の画用紙、斜めに点線のかかれた約10cm四方のピンク色の上質紙、つぼのり、サックつきのはさみ、お手ふきの入ったケースが机の上に置いてある。テスターがお手本を見せながら説明をする。

・お家の形の周りの黒線に沿ってはさみで切りましょう。ピンク色の紙にかかれている点線を切ってできた三角形1枚を屋根にのりで貼りましょう。

本 人 面 接　｜　線のところに立ち、3人1組で行う。

本　人

（男女共通）

・お名前を教えてください。

10 言　語

七夕、ひな祭りなどの行事や、キツツキやシマウマなどの生き物の絵カードを見せられ、
テスターがその中の１つを指でさす。

・これは何の絵ですか。

（男子）
カボチャやニンジンなどの野菜の絵カードを見せられる。

・お母さんはこれで何の料理を作ってくれますか。

（女子）
鍋やフライパンやおたまなどの絵カードを見せられる。

・お母さんはこれを使って何を作ってくれますか。

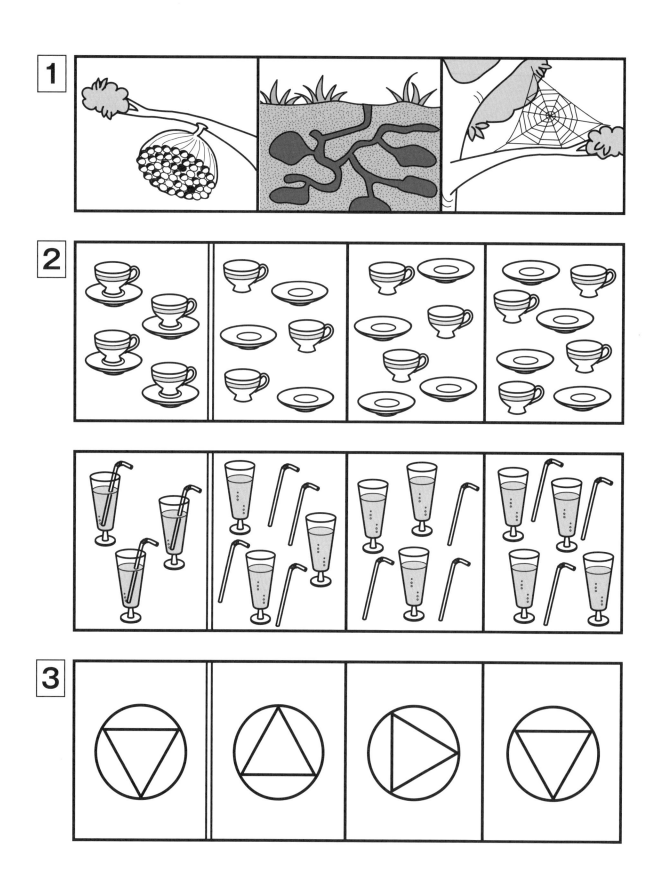

section
2012 東京学芸大学附属大泉小学校入試問題

■ 選抜方法

| 第一次 | 男女別に志願者の約60％（男子441人、女子419人）を抽選で選出。 |

| 第二次 | 第一次合格者を対象に考査を実施する。考査は2日間で、1日目にペーパーテスト、集団テスト、運動テスト、2日目に3人1組で個別テスト、本人面接を行う。所要時間は1日目が約1時間、2日目が10〜15分。 |

| 第三次 | 第二次合格者による抽選。 |

考査：1日目

┃ ペーパーテスト ┃

筆記用具は鉛筆を使用し、訂正方法は＝（横2本線）。出題方法はテープと一部口頭。内容は男女によって異なる。

1 常 識

・上の段です。黄色いお花2つに○をつけましょう。
・下の段です。日本で昔から遊ばれているもの2つに○をつけましょう。

2 構 成

・左端のマッチ棒を使ってできる形を右側から選んで○をつけましょう。

3 観察力

・左端の絵と全部同じ形でできている絵を右側から選んで○をつけましょう。

4 注意力

（タンバリンの音を聞く）
・今、聞いた音は何の音ですか。○をつけましょう。

5 常識（昔話）

・おわんの舟に乗って旅に出たのはどのお話ですか。合う絵に○をつけましょう。
・きびだんごを持ってオニ退治に行ったのはどのお話ですか。合う絵に△をつけましょう。

6 話の記憶

「たろう君は幼稚園のお友達みんなでおイモ掘りに行きました。おイモ掘りをする場所に着くとそこから遠くに山や森が見えました。サツマイモを作っている農家の人が『落ち葉を集めて、たき火をしておイモを焼くとおいしいよ』と教えてくれたので、幼稚園に帰ってみんなでたき火をしてサツマイモを焼き、おいしく食べました」

・上の段です。サツマイモの畑から見えた景色はどれでしたか。合う絵に○をつけましょう。
・下の段です。どのようにしてサツマイモを焼きましたか。合う絵に○をつけましょう。

7 常識（判断力）

・上の段です。お友達が道路の反対側で待っています。横断歩道で信号が青くチカチカしているとき、あなたならどうしますか。自分ならこうすると思う絵に○をつけましょう。左から順に、「左右を見て渡る」「次の青の信号になるまで待つ」「お友達が待っているので急いで渡る」です。
・あなたが食事をする前にすることはどれですか。2つに○をつけましょう。左から順に、「お菓子を食べる」「お皿などを楽器にして遊ぶ」「手を洗う」「お皿を並べる」です。
・下の段です。あなたがバケツを使い砂場で遊んでいたとき、お友達がバケツを貸してと言ったらどうしますか。2つに○をつけましょう。左から順に、「自分のだからほかの人に借りてと言う」「後で返してと言って貸してあげる」「自分が使っているので貸さない」「一緒に使おうと言う」です。

集団テスト

🖥 行動観察

（男子）
5、6人ずつのグループで、真ん中に穴が開いている段ボール箱とカラーボール3つを使い、穴を通るようにボールを投げて遊ぶ。2つのグループが教室に入り、交代で遊ぶ。

（女子）
5、6人ずつのグループで、下に穴が開いている段ボール箱とカラーボール3つを使い、ボール転がしをして遊ぶ。2つのグループが教室に入り、交代で遊ぶ。

運動テスト

📖 ケンパー

青い線から床の上の丸印に合わせてケンパーケンパーをする→最後に胸のところで両手を
グーにしてから両手を斜めに上げてパーにする。

考査：2日目

│ 個別テスト │ 男女、グループによってお手本が異なる。

8 観察力

3人それぞれの机の上に1つずつ違う制作のお手本が置いてある。前方の3つの机にさま
ざまな色の画用紙、紙テープ、ストロー、モール、リボン、タコ糸、割りばし、パステル
クレヨン、のり、セロハンテープ、はさみなどが入ったカゴが置いてある。
・（自分の前の制作物を見て）どうやってこれを作ったか考えて、自分の前にあるカゴの
　中から、作るのに必要なものをすべて出してきて、机の上に置きましょう。

│ 本 人 面 接 │ 線のところに立ち、3人1組で行う。

本 人

（男女共通）
・お名前を教えてください。

8つの絵（バナナ、サル、ゾウ、たんす、机、ツル、カキ、三日月）の描いてある用紙を
見せられ、テスターがその中の1つを指さす。
・これは何ですか。

（男子）
具体物が用意され、1つ質問される。組によって具体物が異なる。
・（白いロープを見て）山でこのロープがあったら何をしますか。
・（たらいを見て）砂場でこのたらいを使って何をしますか。

（女子）
イチョウ3枚、ドングリ6個、マツボックリ2個、枯れ葉3枚などが貼ってある厚紙を見る。
・これを使ってどんなふうに遊びますか。

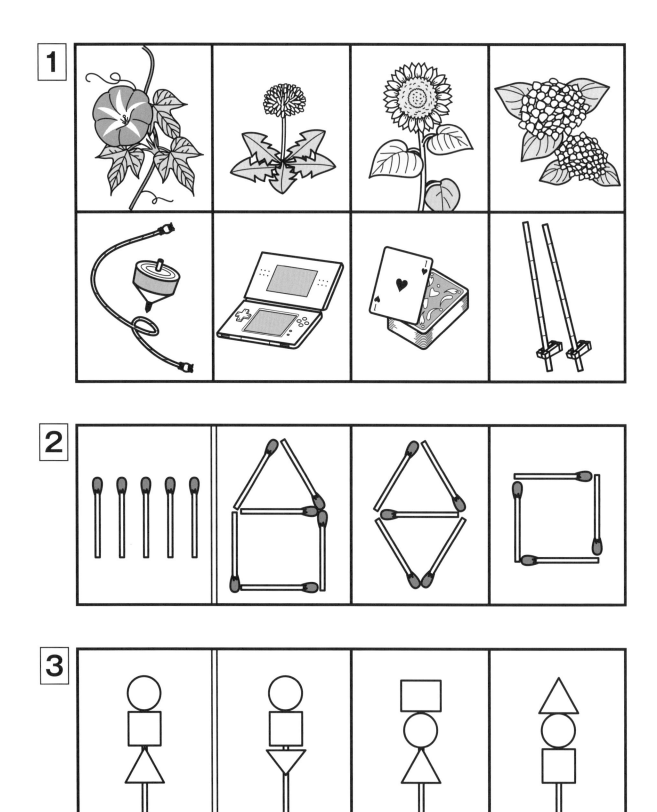

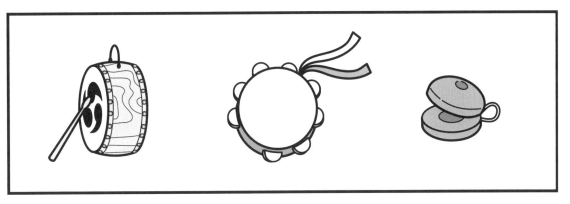

2012

8

【男子】※①～③のどれか1つが置いてある

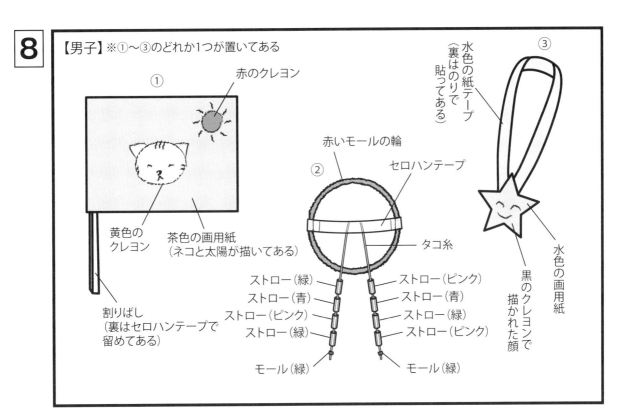

①
赤のクレヨン
黄色のクレヨン
茶色の画用紙（ネコと太陽が描いてある）
割りばし（裏はセロハンテープで留めてある）

②
赤いモールの輪
セロハンテープ
タコ糸
ストロー（緑）
ストロー（青）
ストロー（ピンク）
ストロー（緑）
モール（緑）
ストロー（ピンク）
ストロー（青）
ストロー（緑）
ストロー（ピンク）
モール（緑）

③
水色の紙テープ（裏はのりで貼ってある）
水色の画用紙
黒のクレヨンで描かれた顔

【女子】※①～③のどれか1つが置いてある

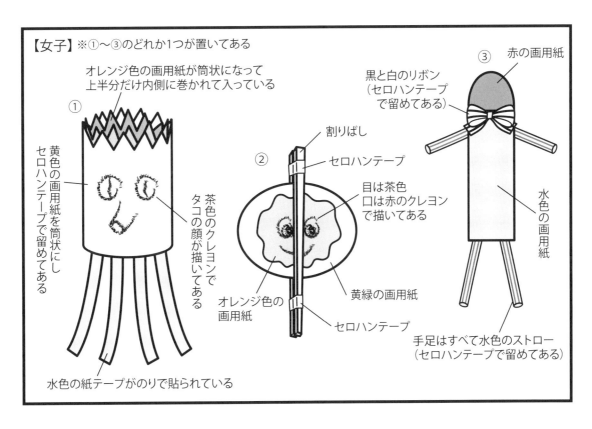

①
オレンジ色の画用紙が筒状になって上半分だけ内側に巻かれて入っている
黄色の画用紙を筒状にしセロハンテープで留めてある
茶色のクレヨンでタコの顔が描いてある
水色の紙テープがのりで貼られている

②
割りばし
セロハンテープ
目は茶色口は赤のクレヨンで描いてある
黄緑の画用紙
オレンジ色の画用紙
セロハンテープ

③
赤の画用紙
黒と白のリボン（セロハンテープで留めてある）
水色の画用紙
手足はすべて水色のストロー（セロハンテープで留めてある）

2012

2011 東京学芸大学附属大泉小学校入試問題

選抜方法

| 第一次 | 男女別に約540人ずつを抽選で選出。 |

| 第二次 | 第一次合格者を対象に考査を実施する。考査は2日間で、1日目にペーパーテスト、集団テスト、運動テスト、2日目に3人1組で個別テスト、本人面接を行う。所要時間は1日目が約1時間、2日目が約30分。 |

| 第三次 | 第二次合格者による抽選。 |

考査：1日目

ペーパーテスト

筆記用具は鉛筆を使用し、訂正方法は＝（横2本線）。出題方法はテープ。

1 常 識

・上の段です。左にお花があります。では、お花の周りに集まる虫に○をつけましょう。
・下の段です。（シャベルで土を掘る音、包丁で野菜を切る音、フライパンでお肉を焼く音が聞こえる）今聞いた音で出てこなかったものに○をつけましょう。

2 数 量

・左の鉛筆の数と同じ丸の数がある四角に○をつけましょう。

3 数 量

・一番積み木の数が多い四角に○をつけましょう。

4 記 憶

「動物たちが太鼓をたたきます。ウサギさんがたたきます。『タン・タン・タン』。パンダさんがたたきます。『タン・タタ・タン』。ブタさんがたたきます。『タン・タタン』」
・では次の太鼓の音はどの動物がたたく音でしょうか（「タン・タタ・タン」と太鼓の音が聞こえてくる）。太鼓をたたいた動物に○をつけましょう。

5 話の記憶

「はなこさんは不思議な夢を見ました。はなこさんが森の中を歩いていくと、最初に眼鏡をかけている耳のとがったサルに出会いました。また歩いていくと芝生があり、星の模様のついたキリンを見かけました。また進んでいくと川がありました。川のほとりに鳥がいました。鳥ははなこさんを見るとびっくりして飛んでいってしまいました。はなこさんが川のほとりを1人で歩いていると、足をすべらせて川に落ちてしまいました。はなこさんが『助けて』とさけぶと、さっき飛んでいった鳥が戻ってきて、はなこさんを助けてくれました。ビショビショになったはなこさんを見て、元気づけようと、鳥は歌を歌ってくれました。はなこさんも一緒に歌を歌いました」

- 上の段です。今のお話に出てきた動物2匹に○をつけましょう。
- 下の段です。はなこさんは歌を歌ったときにどんな顔をしていたと思いますか。合う絵に○をつけましょう。

6 常識（判断力）

- 上の段です。お母さんと一緒に買ったパンを入れた袋を持って電車に乗り、席が空いていたので座りました。おなかがすいてしまいました。あなたならどうしますか。自分ならこうすると思う絵に○をつけましょう。左から順に、「電車の中でパンを食べる」「電車の中では食べずにお家まで我慢する」「電車の中でお母さんと一緒に食べる」「お家に帰ってから家族と一緒に食べる」です。
- 下の段です。小さい子が積み木で遊んでいると、積み木が崩れて泣き始めました。あなたならどうしますか。自分ならこうすると思う絵に○をつけましょう。左から順に、「泣いてる子に『どうしたの？』と聞く」「泣いてる子はそのままにしてほかへ行く」「自分だけ積み木で遊ぶ」「お母さんを呼びに行く」です。

集団テスト

7 共同制作

男女ともに6グループが教室に入り、3グループずつ交代で行う。待っている間は体操座りをする。形のかかれた台紙（模造紙1／2大）、モール、三角に切ってある折り紙、パターンブロックなどが用意されている。

（男子）
5、6人のグループで相談したり、協力し合ったりして、台紙にかかれた魚の形の上に用意されたものを置いて、きれいな魚を作る。

（女子）

5、6人のグループで相談したり、協力し合ったりして、台紙にかかれたチョウチョの形の上に用意されたものを置いて、きれいなチョウチョを作る。

運動テスト

立ち幅跳び

ぬれたぞうきんで上履きの靴底をふいた後、床に貼ってある青い線から赤い線を越えるように両足でジャンプをする→着地をしたら胸のところで両手をグーにして、その後両手を斜めに挙げてパーにする。

考査：2日目

個別テスト

8 巧緻性

（男子）

6ヵ所穴の開いた段ボール紙の台紙（A5判程度）に、組みひも（直径約5〜6mm）をお手本と同じように通す。

（女子）

B4判の紙にかかれた四角の渦巻きの線を手でちぎっていく。

本人面接 立ったままで、3人1組で行う。

本人

・お名前を教えてください。

（絵カードが数種類用意されている。絵カードの例：朝食を食べながら女の子がよそ見をしている絵、ブランコの順番を待っている間にけんかをしている絵、階段からジャンプをして下りようとしている男の子の絵、天気がよい日に洗濯物を干している男の子と洗濯物が乾いていないのに取り込んでいる女の子の絵など）

・（絵カードのうち1枚を提示される）絵の様子についてお話ししてください。

・この絵についてどう思いますか。

7

【男子】

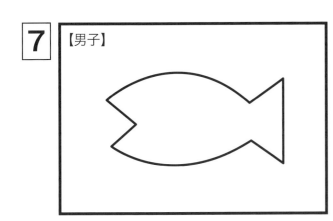

【女子】

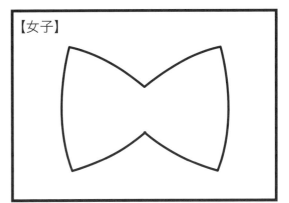

8

【男子】

（表）　　　　　　（裏）

【女子】

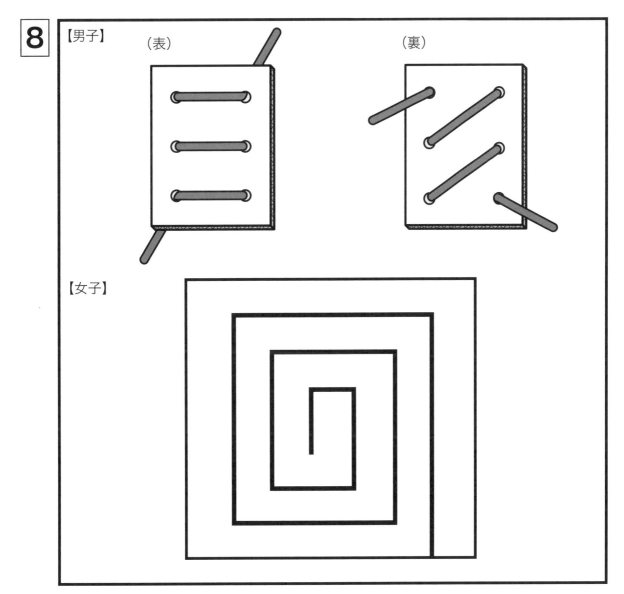

東京学芸大学附属大泉小学校入試問題

■ **選抜方法**

| 第一次 | 男女別に約540人ずつを抽選で選出。

| 第二次 | 第一次合格者を対象に考査を実施する。考査は2日間で、1日目にペーパーテスト、集団テスト、運動テスト、2日目に3人1組で個別テスト、本人面接を行う。所要時間は1日目が約1時間、2日目が約10分。

| 第三次 | 第二次合格者による抽選。

考査：1日目

ペーパーテスト | 筆記用具は鉛筆を使用し、訂正方法は＝（横2本線）。出題方法はテープ。

1 **常　識**

・1段目です。冬と仲よしのもの2つに○をつけましょう。

・2段目です。今から聞こえる鳴き声はどの鳥の鳴き声でしょうか。（カラスの鳴き声がする）合う絵に○をつけましょう。

・3段目です。お家の人と一緒に遠くに住んでいるお友達にお手紙を書きました。書いたお手紙はどれに入れますか。○をつけましょう。

・4段目です。お友達のお家に遊びに行って玄関で靴を脱ぎました。脱いだ靴をどのようにするのがよいですか。○をつけましょう。

・5段目です。お友達と2人でおやつにイチゴを食べようと思います。お友達のお皿にはたくさんのイチゴがありますが、自分のお皿には少ししかありません。あなたならどうしますか。○をつけましょう（絵は左から、お皿ごと取り換える、我慢して食べる、仲よく分けようと言う、泣いてしまう）。

・6段目です。動物たちが音楽に合わせてタンバリンをたたきます。上手にたたいているのはどの動物でしょうか。合う絵に○をつけましょう（「大きなクリの木の下で」に合わせて、それぞれの動物がたたいている様子が流れる）。

タヌキさんがたたきます。「タンタンタンタン」（4拍ずつ規則正しく）

キツネさんがたたきます。「タタタンタン」（3拍子で）

クマさんがたたきます。「タタターン」（3拍子で）

2 話の記憶・常識（判断力）

「ウサギのピョンタがおばあさんのお家に遊びに行きます。歩いていると大きな川がありました。渡ろうとしましたが、橋が架かっていなくて困ってしまいました。辺りを見回すと川にはあっちこっちに黒い石がありました。そこで、ジャンプが得意なピョンタは石の上をジャンプしながら無事に渡ることができました。さらに進んでいくと、ニンジン畑が見えてきました。おばあさんへのお土産にしようと思ってニンジンを1本採りました。ピョンタは緑の葉っぱのところは食べて、残りの部分をおばあさんに持っていきました。おばあさんはそのニンジンでニンジンスープを作ってくれました。でも、そのスープはおいしくありませんでした。ピョンタは我慢して何とかスープを全部飲みました。おばあさんは、『おかわりがあるからたくさん飲んでいってね』と言いました」

- 上の段です。お話に合わない絵を1つ選んで○をつけましょう。
- 下の段です。あなたなら、おばあさんにおかわりを勧められたらどうしますか。1つ選んで○をつけましょう。絵は左から、「『飲めばいいんでしょ』と嫌々飲む」「困った顔をする」「『まずいからもういらない』と怒る」「『もうおなかいっぱい』と言う」です。

3 数量（対応）

- お友達が5人います。ちょうどピッタリに配ることができるカレーライスとスプーンが描いてある絵に○をつけましょう。

4 構　成

- 左端のお手本の絵を点線で切るとどのようになりますか。合う絵に○をつけましょう。

集団テスト

構成遊び

床の上にビニールテープで四角がかかれており、その中に動物を分割したピースが置いてある。作業も四角の中で行う。黒板に貼ってある動物（ライオン、サル、クマなどグループによって違う）のお手本を見ながら、3～5人でパズルをする。

運動テスト

リズム

いすに座ったまま行う。音楽に合わせて、テスターと「頭・肩・ひざ・ポン」と歌いながら踊る。

🔖 立ち幅跳び

靴の裏をぞうきんでふいた後に赤い線から青い線まで跳ぶ。

考査：2日目

▌ 個別テスト ▌

- -

🔖 注意力・生活習慣

（男子）

トレーの上に大豆の載った紙皿、スプーン、350mlのペットボトルが置いてある。お皿に載っている大豆をスプーンですくい、ペットボトルに入れる。トレーの上に落とした大豆はスプーンですくってお皿に戻す。床に落ちたものは手でお皿に戻す。「終わり」と言われたらすぐにやめる。

（女子）

トレーの上にお皿とスプーン、大豆が入ったペットボトルが置いてある。ペットボトルに入っている大豆をこぼさないようにスプーンに移し、お皿に載せる。トレーの上に落とした大豆はすくってペットボトルに戻す。床に落ちたものは手でペットボトルに戻す。「終わり」と言われたらすぐにやめる。

🔖 言　語

（男女共通）

作業が終わった後に、「どうやったら上手にできると思いますか」と質問される。

▌ 本 人 面 接 ▌　立ったままで、3人1組で行う。

- -

本　人

- ・お名前と年齢を教えてください。
- ・幼稚園（保育園）の名前を教えてください。
- ・オニごっこはどんなところが楽しいですか。
- ・お買い物に行くとき、お母さんに注意されることは何ですか。そのときしかられたこと

は何ですか。

・夜、テレビを見ていてしかられたことがありますか。

・幼稚園（保育園）で遊んでいるとき、一番楽しいのはどんなときですか。

・寝るときに注意することはありますか。

・お料理のお手伝いで大変だったことは何ですか。そのときほめられたことは何ですか。

1

2009 東京学芸大学附属大泉小学校入試問題

■ 選抜方法

| 第一次 | 男女別に志願者の約半数を抽選で選出。 |

第二次 第一次合格者を対象に考査を実施する。考査は2日間で、1日目にペーパーテスト、集団テスト、運動テスト、2日目に3人1組で個別テスト、本人面接を行う。所要時間は1日目が約1時間、2日目が5〜10分。

第三次 第二次合格者による抽選。

考査：1日目

┃ ペーパーテスト ┃ 筆記用具は鉛筆を使用し、訂正方法は＝（横2本線）。出題方法はテープ。

1 常 識

・正しいと思うおはしの持ち方に○をつけましょう。

2 常 識

・空を見上げたときにいると思うものに○をつけましょう。

3 数量（対応）

・子どもたちの数とちょうど合う手袋と帽子が描いてある絵に○をつけましょう。

4 常識（判断力）

・お友達と2人でお話をしていたとき、おばさんの自転車を倒してカゴを壊してしまいました。あなたならどうしますか。合う絵を選んで○をつけましょう。絵は左から「『おまえのせいだよ』とお友達に責任を押しつける」「自転車の持ち主のおばさんに謝る」「自転車を倒したまま、気にせず通り過ぎる」「とりあえず自転車を立て直す。壊れたカゴはそのまま」を表しています。

5 常識（判断力）

・お友達になりたいと思う子の絵に○をつけましょう。絵は左から「何でも言うことを聞

いてくれる人」「すぐ怒る人」「自分がいじめられたらかばってくれる人」「みんなで楽しく遊ぶことができる人」を表しています。

6 構 成

・左端のお手本（ロケットの形）をバラバラにしたものは右の中のどれですか。その絵に〇をつけましょう。

7 常 識

・もともと日本にある食べ物だと思う絵に〇をつけましょう。

8 常識（判断力）

・お友達と公園に行って「ブランコで遊ぼう」と言ったけれど、お友達が嫌だと言ったらあなたならどうしますか。絵は左から「1人でブランコで遊ぶ」「別のところにいるほかのお友達と遊ぶ」「『何で』と言って怒る」「ブランコ以外のものでほかに何がよいのか、お友達と考える」を表しています。

9 話の記憶・常識（判断力）

「はなこさんが遊びから帰ってきました。ちょうど、お母さんがお家でカレーを作っていました。はなこさんが『何か手伝うことある？』と聞くと、お母さんに『あるわよ。トマトを洗ってちょうだい』と言われたので、さっそくトマトを洗うお手伝いを始めました。『終わったよ』とお母さんにトマトを渡すと、『ありがとう、助かったわ。そろそろカレーができるから、お父さんを呼んできてちょうだい』と言われたので、はなこさんはさっそくお父さんを呼びにいきました。『お父さーん、ごはんできたよー』と大きな声で呼んでみました。すると『はーい』と大きな声の返事が聞こえました。でも、しばらくしても来ないので、はなこさんは様子を見にいきました。するとお父さんはお部屋で電球を取り換えていました。はなこさんは何かお手伝いをしようかなと思いました」

・上の段です。はなこさんはどんなお手伝いをしましたか。合っている絵に〇をつけましょう。絵は左から「リンゴをむいているところ」「トマトを洗っているところ」「タマネギを切っているところ」「カレーを作っているところ」を表しています。
・下の段です。夕ごはんのときにお父さんを呼んでも来なかったら、あなたならどうしますか。あなたがすると思う絵にいくつでも〇をつけましょう。絵は左から「お父さんが来ないから先にカレーを食べる」「みんながそろうまで食べずに待っている」「嫌いなニンジンをお父さんのカレーに移す」「お父さんが電球を取り換えているのを手伝いに行く」を表しています。

集団テスト

■ ダンス

「崖の上のポニョ」の音楽に合わせて、座ったまま自由に踊る。

■ 行動観察

・テスターの合図で近くのお友達とジャンケンをして、勝った人は前、負けた人は後ろになるジャンケンゲームを行う。

・カスタネットの音に合わせて歩き、音が止まったら歩くのをやめる。テスターが動物の名前を言うので、その名前の音の数と同じ人数で集まって、手をつないで座る（イヌ、マントヒヒ、ネコ、トラなど）。

運動テスト

■ 立ち幅跳び

靴の裏をぞうきんでふいた後に、青い線から赤い線を越えるようにジャンプする。これを1人ずつ行う。

考査：2日目

個別テスト

■ 巧緻性

（男子）
黒い線で描かれている果物（ナシ、カキ、モモの中から1つ）を、線に沿ってクレヨンでなぞる。

（女子）
コップが描かれた紙を渡され、毛糸を線の通りに置く。

本 人 面 接　面接官1人に対して、子ども3人が立ったままで行う。

本　人

（男子）

・お名前を教えてください。

・冷蔵庫の中には何が入っていますか（順番に2周するまで言っていく）。

・昨日は誰と一緒にお風呂に入りましたか。

・昨日の夕ごはんは誰と食べましたか。

・お友達が大切な帽子をなくしたらどうしますか。

・お父さんのお仕事が休みのときはどんなことをしていますか。

（女子）

・お名前を教えてください。

・お父さんのお仕事が休みのときはどんなことをしていますか。

・もしお友達がお家に来て、お茶をこぼしたらどうしますか。

・誰とお風呂に入りますか。

・お風呂ではどんな話をしますか。

・お友達が大切な帽子をなくしたらどうしますか。

東京学芸
大学附属 大泉小学校
入試シミュレーション

東京学芸大学附属大泉小学校入試シミュレーション

1 話の記憶

「今日はお母さんと一緒に、夕食のお買い物に行くお約束をしていました。なぜかと言うと、すみれちゃんは年長のお姉さんになったので、お母さんのお手伝いをたくさんしようと決めたからです。だからお買い物に行ったら、お母さんの代わりに荷物を全部持ってあげようと思っていました。最初に八百屋さんに行きました。カボチャを1つとサツマイモを2つ買いました。次は魚屋さんです。そこではサンマを3匹買いました。『すみれ、全部持てる？　お母さんも持ってあげるわ』『わたしは、もう年長さんだもの。力持ちだからだいじょうぶよ』とすみれちゃんは笑顔で答えました。最後にパン屋さんに行きました。お父さんが大好きなメロンパンを4個買って帰りました。荷物は重たかったけれど、何とかお家まで持って帰ることができました。お母さんに『今日はすみれが荷物を持ってくれたから、とても助かったわ。本当にありがとう』と言われ、何だかとてもうれしい気持ちになりました。明日は洗濯のお手伝いをしようとすみれちゃんは思いました」

・一番上の段です。3番目に行ったお店に○をつけましょう。
・2番目の段です。魚屋さんで買った魚と同じ数のおはじきの絵に○をつけましょう。
・下の2段です。自分がしたことのあるお手伝いの絵すべてに○をつけましょう。

2 話の記憶

「ひろし君は今日、幼稚園のみんなと近くの河原へゴミ拾いに行きました。待ち合わせの場所に、先生が待っていました。『今日はみんなでゴミ拾いをします。女の子は燃えるゴミを集めます。男の子は資源ゴミを集めましょう。袋にゴミがいっぱいになったら先生のところまで持ってきてください』。さあ、いよいよゴミ拾いが始まりました。河原にはたくさんのゴミが落ちています。『よーし！　頑張るぞ』とひろし君はやる気満々ですが、捨てられているゴミを見ていると、何だか少し悲しい気持ちになりました。ゴミ拾いが無事に終わって、ひろし君はゴミは必ず決められた場所に捨てようと思いました」

・上の2段です。男の子が拾ったゴミだと思うものすべてに○をつけましょう。
・真ん中の段です。ゴミ拾いに行った場所はどこですか。合う絵に○をつけましょう。
・電車の中で空き缶が落ちていたらどうしますか。下の段で合う絵に○をつけましょう。

3 数量

・一番上の段です。左端の鉛筆と同じ数のおはじきが描いてある絵に○をつけましょう。
・2番目の段です。左端の子どもたちにちょうどよい数の靴とマフラーが描いてある絵に

○をつけましょう。

・3番目の段です。左端の女の子たちで食事をしたいと思います。ちょうどよい数のはしとお茶わんが描いてある絵に○をつけましょう。

・4番目の段です。2人で仲よく分けられるケーキの絵に○をつけましょう。

・一番下の段です。3人で仲よく分けられるアメの絵すべてに○をつけましょう。

4 数　量

・一番上の段です。2番目に多いイチゴの絵に○をつけましょう。

・2番目の段です。3番目に少ない星の絵に○をつけましょう。

・3番目の段です。リンゴを3個食べたら4個残りました。では最初にリンゴはいくつありましたか。合う絵に○をつけましょう。

・4番目の段です。4人のお友達に2個ずつクッキーをあげようと思います。全部でいくつあればよいですか。合う四角に○をつけましょう。

・一番下の段です。一番多いペロペロキャンディーの絵には○、一番少ないペロペロキャンディーの絵には△をつけましょう。

5 推理・思考（対称図形）

・左のように折った折り紙の黒いところを切り取って開くと、どのようになりますか。正しいものを右から選んで、それぞれ○をつけましょう。

6 推理・思考（回転図形）

・左のお手本を、矢印の方向に矢印の数だけコトンと倒すとどのようになりますか。正しいものを右から選んで、それぞれ○をつけましょう。

7 構　成

・左端のお手本を作るのにピッタリ合う形が描いてある四角を、右から選んでそれぞれ○をつけましょう。

8 構　成

・左端の四角にある形をすべて使ってできる形を、右から選んでそれぞれ○をつけましょう。

9 常識（季節）

・それぞれの段から、春と仲よしのものを選んで○をつけましょう。

10 常識（季節）

・それぞれの段から、夏と仲よしのものを選んで○をつけましょう。

11 常識（季節）

・それぞれの段から、秋と仲よしのものを選んで○をつけましょう。

12 常識（季節）

・それぞれの段から、冬と仲よしのものを選んで○をつけましょう。

13 常　識

・一番上の段です。冬ごもりをする生き物に○をつけましょう。
・2番目の段です。卵から産まれるものに○をつけましょう。
・3番目の段です。触ると温かいものに○をつけましょう。
・4番目の段です。水に沈むものに○をつけましょう。
・一番下の段です。土の中にいるものに○をつけましょう。

14 常　識

・一番上の段です。電気で動くものに○をつけましょう。
・2番目の段です。どのお花の種が一番小さいですか。○をつけましょう。
・3番目の段です。富士山を遠くから見ると上の方が白くなっています。何があるから白いのでしょうか。その白いものと仲よしの絵に○をつけましょう。
・一番下の段です。夏になると台風がよく日本に来ますね。もし台風が来たらどうなると思いますか。合う絵すべてに○をつけましょう。

15 常識（判断力）

・1段目です。もし公園でボールを投げてお友達にぶつけてしまったら、まず最初に何をしますか。合う絵に○をつけましょう。左から、「逃げる」「謝る」「そのまま遊び続ける」「お母さんにボールをぶつけたことを言う」です。
・2段目です。道を歩いていたら財布が落ちていました。あなたならどうしますか。合う絵すべてに○をつけましょう。左から、「気づいてもそのまま通り過ぎる」「親に渡して落ちていた場所を教える」「拾った財布を自分のものにする」「交番に届ける」です。
・3段目です。お友達がいじめられていたらどうしますか。合う絵すべてに○をつけましょう。左から、「いじめている子の仲間になる」「いじめられている子をかばう」「怖いので逃げる」「お友達がかわいそうで泣く」です。
・4段目です。お友達のお家で夕食をごちそうになることになりました。嫌いなものが出てきたらどうしますか。自分がすると思う絵すべてに○をつけましょう。左から、「食べる前にお友達のお母さんに正直に嫌いなことをお話しして謝る」「お友達に食べても

らう」「頑張って食べる」「黙ってそのまま残す」です。

- 5段目です。公園でブランコの順番を待っていたら、急に割り込んで前に入ってきたお友達がいました。あなたならどうしますか。合う絵に○をつけましょう。左から、「割り込んできた子を押しのけてその前に並ぶ」「何も言わないで黙っている」「割り込んできた子の前に何も言わずにサッと入る」「後ろに並ぶように注意する」です。

16 常識（道徳）

- 公園で子どもたちが遊んでいます。してはいけないことをしている人に○をつけましょう。

17 常識（道徳）

- 上の段です。正しいことを言っている動物に○をつけましょう。
  ウサギ「電車に乗るときは乗る人が先に乗るんだよね。降りる人は後だよ」
  ライオン「先生がお話ししているときでも、話したいことがあれば話していいと思うよ」
  クマ「もしゴミを捨てるところが近くになかったら、その場で捨ててしまってもいいと思うよ」
  ゾウ「もし嫌いな食べ物が出てきても、頑張って食べた方がいいと思うよ」

- 下の段です。正しいことを言っている動物に○をつけましょう。
  ウサギ「電車の中で、おなかがすいてしまったら、お菓子を食べてもいいと思うんだ」
  ライオン「風邪を引いて熱があっても、友達に誘われたら遊んでも平気だよね」
  クマ「おもちゃを使って遊んだ後は、ちゃんとお片づけをしないといけないよね」
  ゾウ「朝、とても眠いときは、朝ごはんを食べなくてもいいんだよね」

18 常識（判断力）

- 1段目です。電車の中は人がいっぱいで、席は空いていません。あなたは席に座っています。そこにお年寄りが乗ってきました。あなたならどうしますか。左から、「席を譲る」「靴を履いたまま外を眺めている」「お友達とおしゃべりを続ける」「お母さんに席を譲るように言う」です。
- 2段目です。1人でできると思うことすべてに○をつけましょう。
- 3段目です。お友達とおもちゃを買いに行きました。そのお店には2人とも欲しかったおもちゃが1つしかありませんでした。あなたならどうしますか。左から、「おもちゃを自分のものにしてしまう」「ほかの店に探しに行こうと言う」「1つしかないのでお友達に譲る」「1つしかないので困って泣く」です。
- 4段目です。大昔から日本でしていたことだと思うものに○をつけましょう。
- 5段目です。日本の風景だと思うものに○をつけましょう。

1

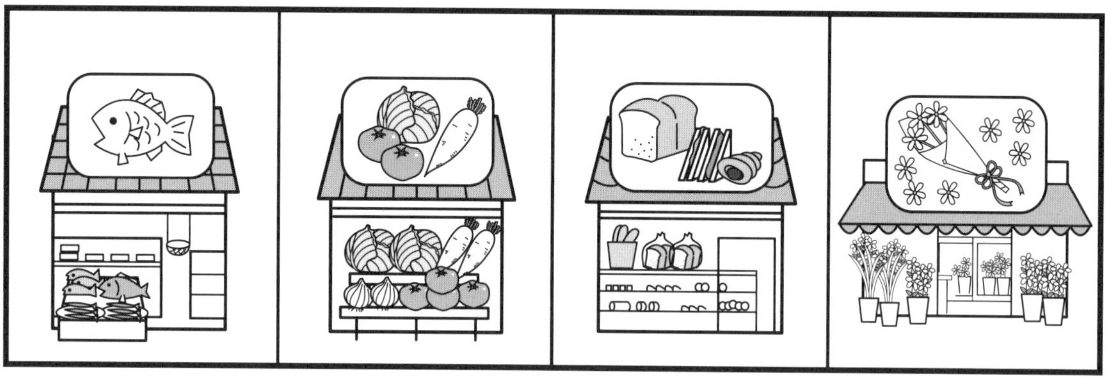

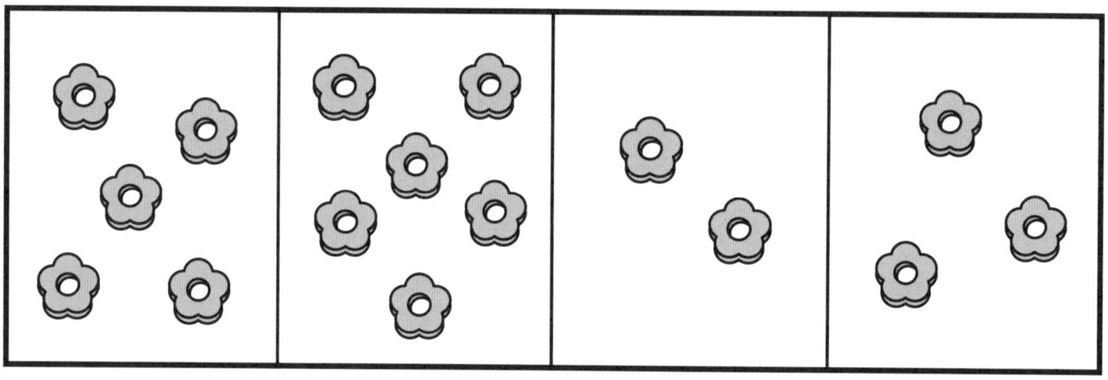

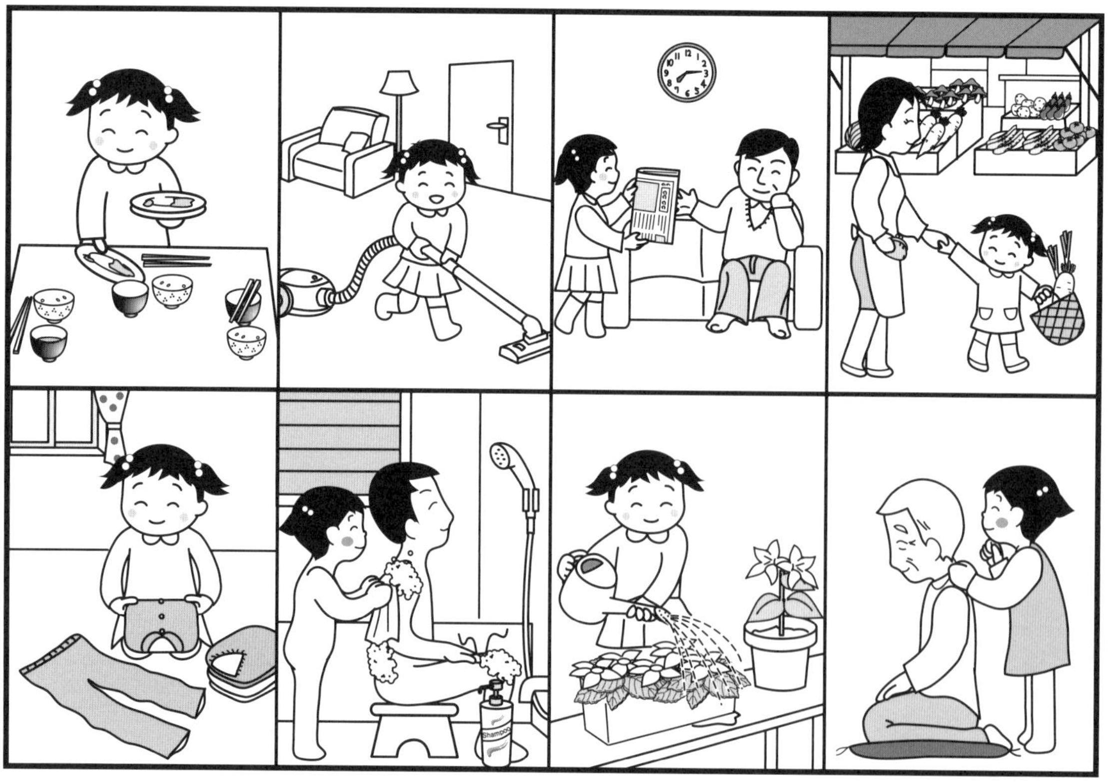

3

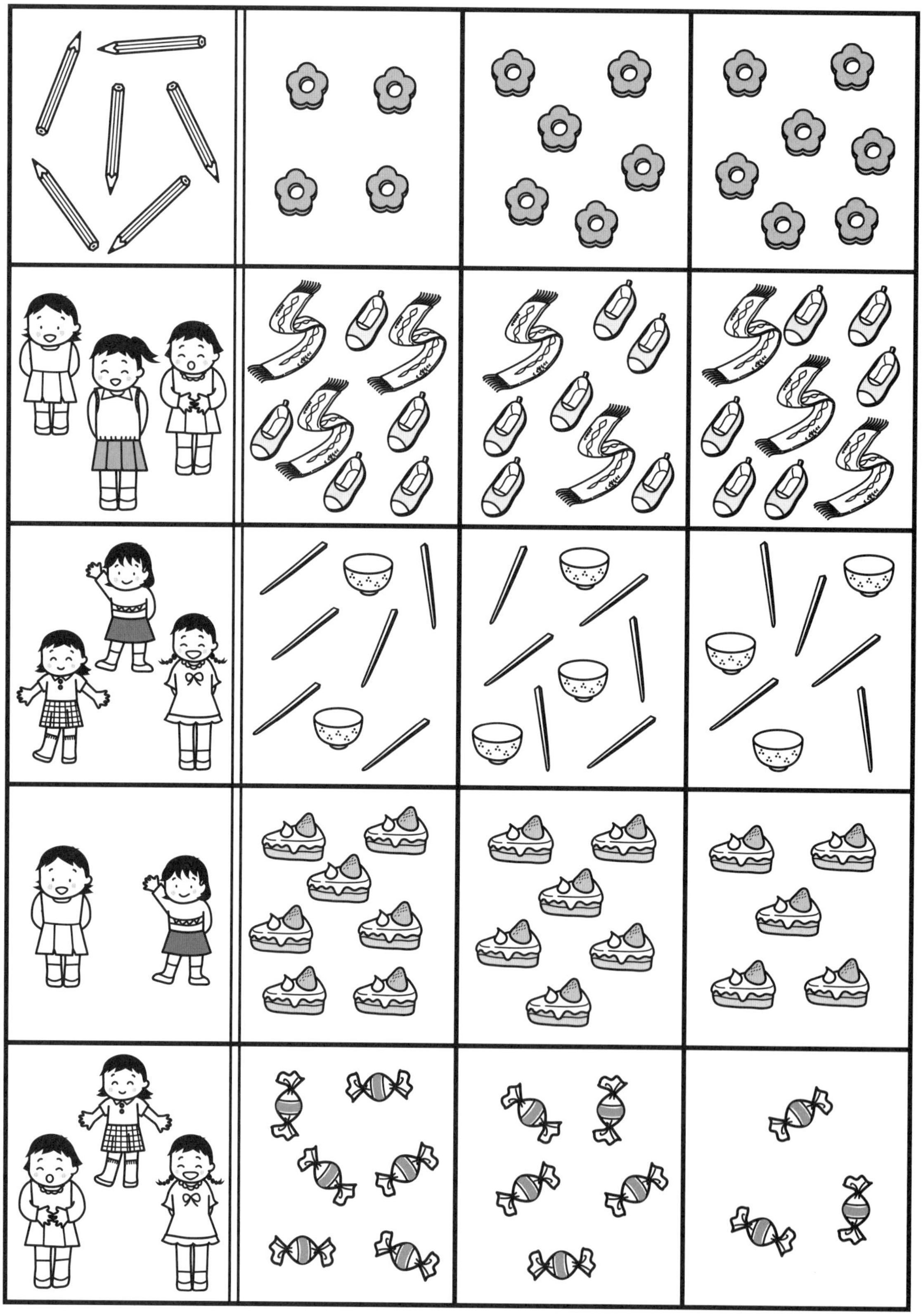

4

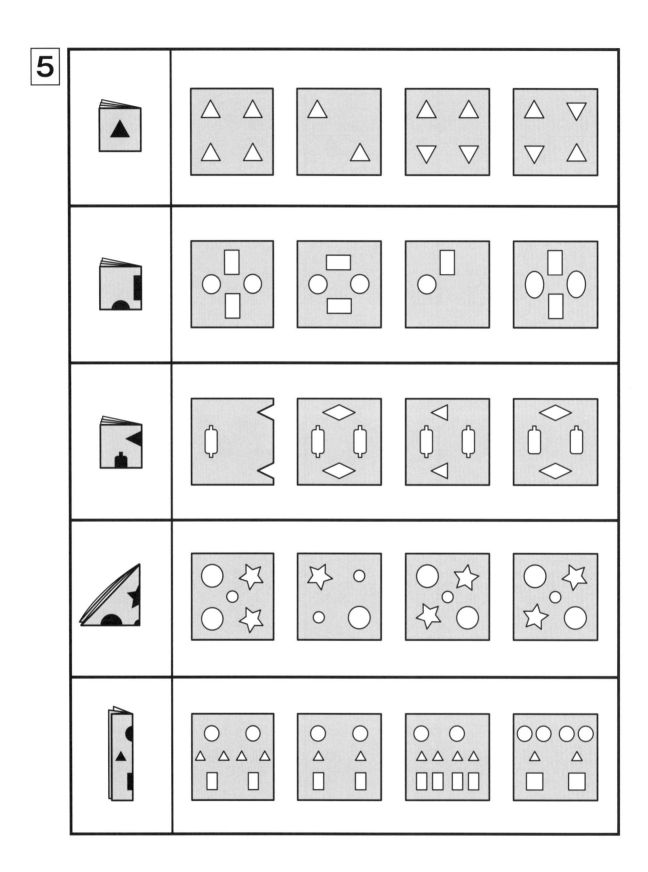

6

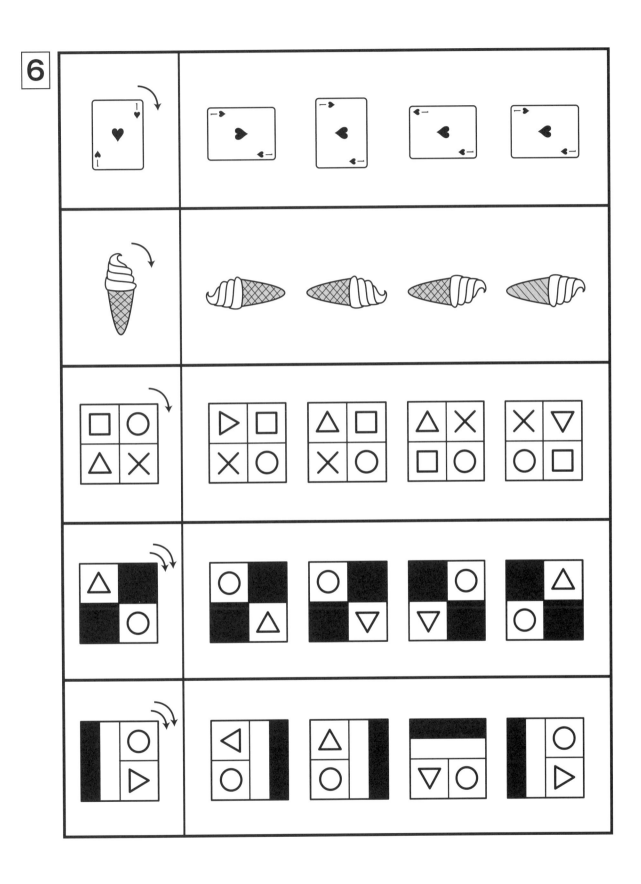

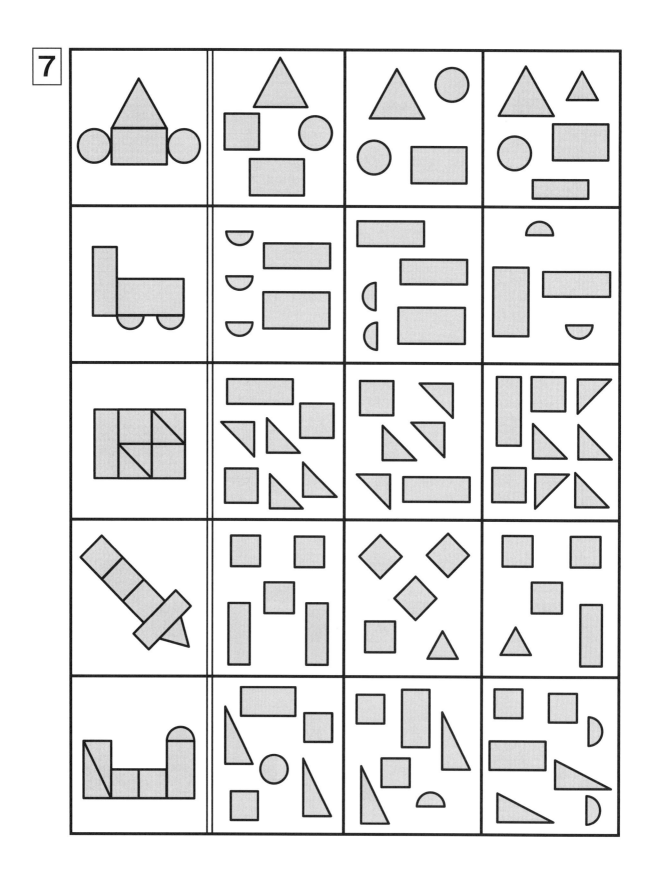

8

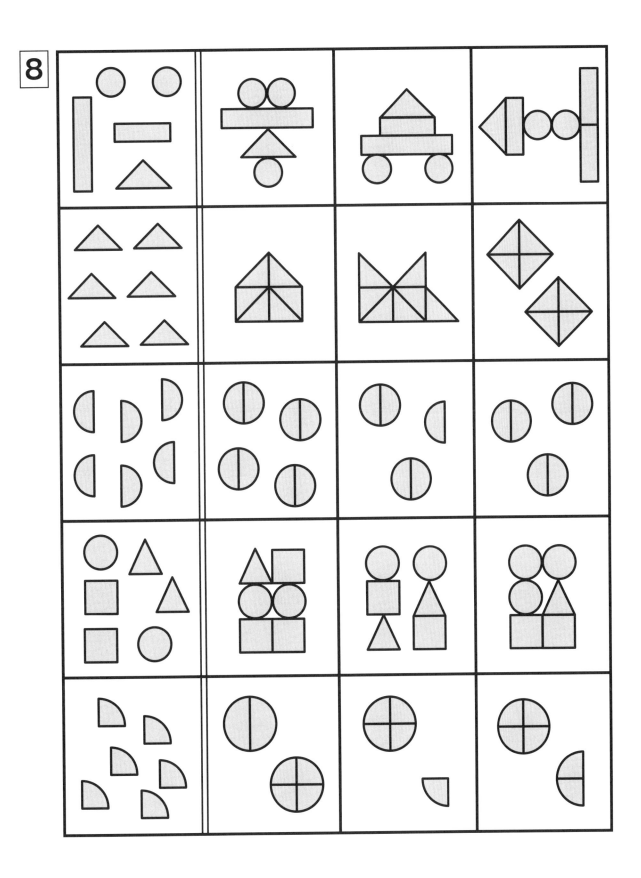

10

13

15

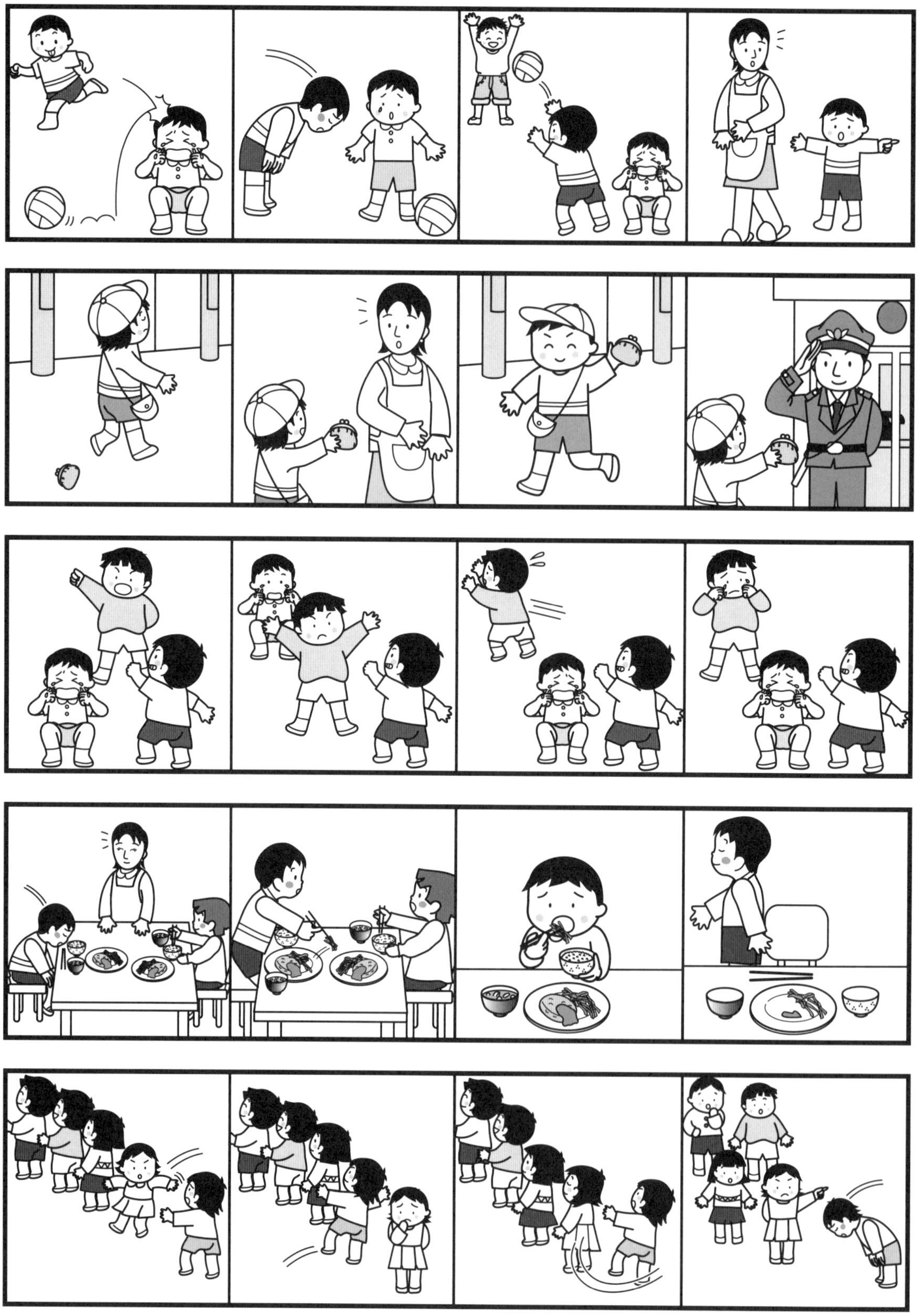

16

17

18

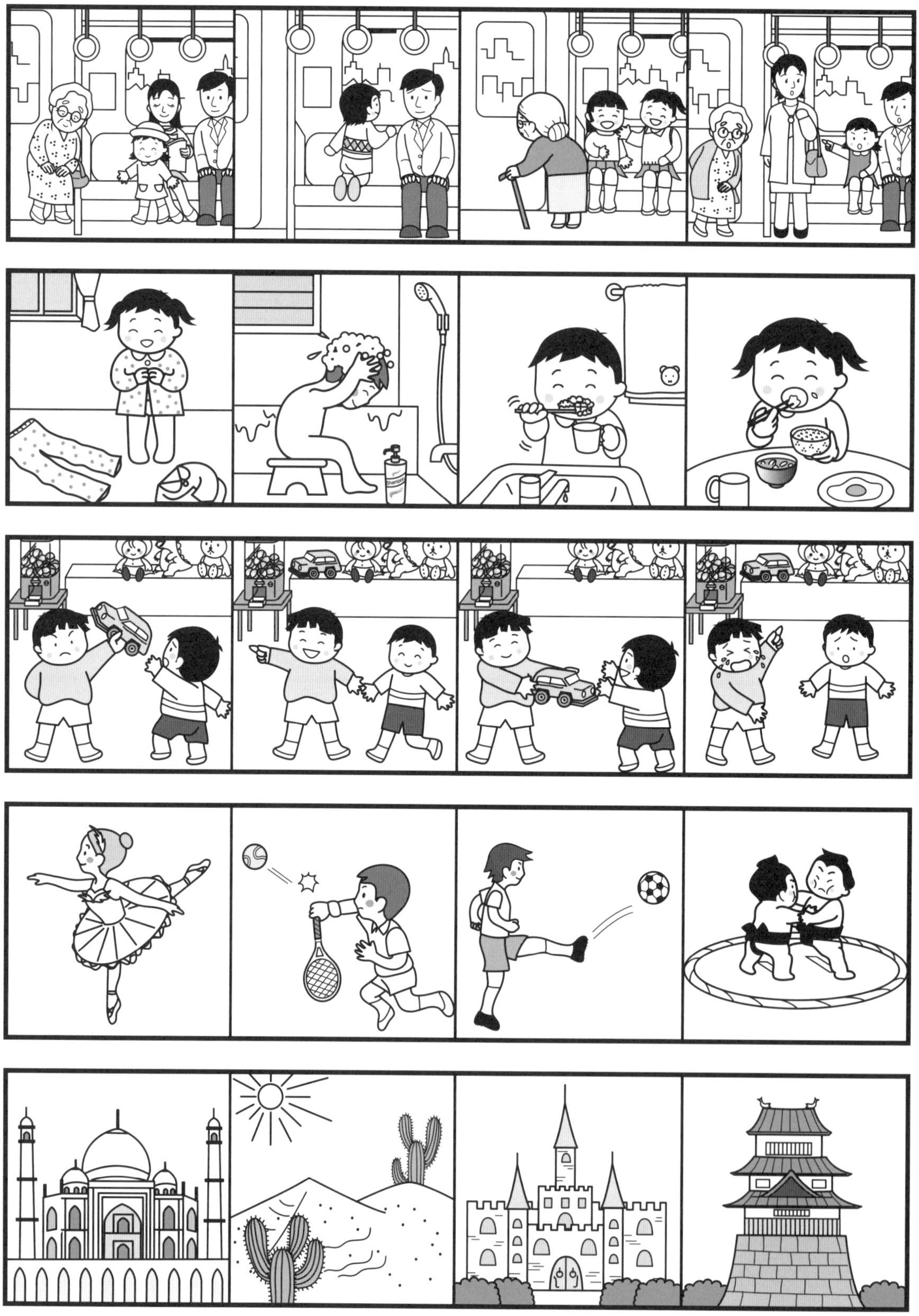

MEMO

2024 学校別過去入試問題集

🖊 年度別入試問題分析【傾向と対策】　🖊 学校別入試シミュレーション問題　🖊 解答例集付き

 青山学院初等部 入試問題集
 お茶の水女子大学附属 竹早小学校 入試問題集
 学習院初等科 入試問題集
 暁星小学校 入試問題集
 国立学園小学校 入試問題集
 慶應義塾幼稚舎 入試問題集
 光塩女子学院初等科 入試問題集

 淑徳小学校 宝仙学園小学校 入試問題集
 昭和女子大学附属 昭和小学校 サレジオ 目黒星美小学校 入試問題集
 白百合学園小学校 入試問題集
 成蹊小学校 入試問題集
 成城学園初等学校 玉川学園小学部 入試問題集
 聖心女子学院初等科 入試問題集
 筑波大学附属小学校 -I 入試問題集

 筑波大学附属小学校 -II 入試問題集
 田園調布雙葉小学校 入試問題集

 伸芽会の有名小学校合格シリーズ Shinga-kai

 東京学芸大学附属 大泉小学校 入試問題集
 東京学芸大学附属 小金井小学校 入試問題集

 東京学芸大学附属 世田谷小学校 入試問題集
 東京女学館小学校 入試問題集

 カラーページ増殖中！ ※2022年秋実施の入試問題を含む 過去5～15年間分 全44冊52校掲載 定価3410円～3520円 （本体3100円～3200円＋税10%）

 東京都市大学付属小学校 入試問題集
 桐朋小学校 入試問題集
 桐朋学園小学校 入試問題集

 東洋英和女学院小学部 入試問題集
 日本女子大学附属豊明小学校 入試問題集
 雙葉小学校 入試問題集
 立教小学校 入試問題集
 立教女学院小学校 入試問題集
 早稲田実業学校初等部 入試問題集
 東京農業大学稲花小学校 桐光学園小学校 入試問題集

 慶應義塾横浜初等部 入試問題集
 湘南白百合学園小学校 入試問題集
 精華小学校 入試問題集
 洗足学園小学校 入試問題集
 桐蔭学園小学校 入試問題集
 森村学園初等部 カリタス小学校 入試問題集
 横浜国立大学教育学部附属 横浜小学校・鎌倉小学校 入試問題集

 横浜雙葉小学校 入試問題集
 開智小学校（第2部） 開智望小学校 入試問題集
 埼玉大学教育学部附属小学校 入試問題集
 さとえ学園小学校 入試問題集
 西武学園文理小学校 入試問題集
 国府台女子学院小学部 昭和学院小学校 入試問題集
 千葉大学教育学部附属小学校 入試問題集

全国の書店・伸芽会出版販売部にお問い合わせください。

 伸芽会　 出版販売部 **03-6914-1359** （10:00～18:00 月～金）

〒171-0014 東京都豊島区池袋 2-2-1 7F　https://www.shingakai.co.jp

  2023年2月より 順次発売中！

© '06 studio*zucca

［過去問］ 2024

東京学芸大学附属 大泉小学校 入試問題集

解答例

入試シミュレーションの
解答例もあります！

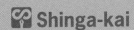

2023 解答例

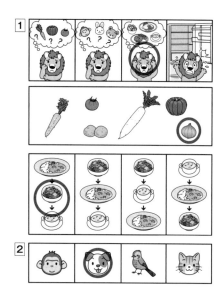

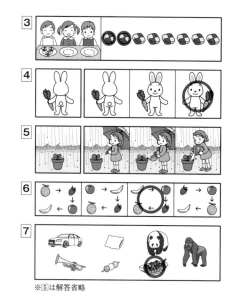

※⑤は解答省略

2022 解答例

※②は解答省略

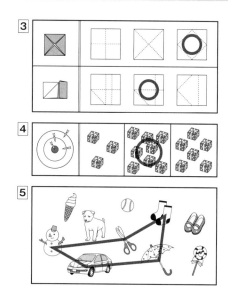

2021 解答例

※③、⑥は解答省略

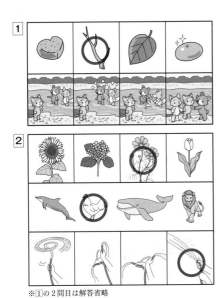

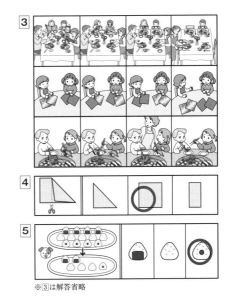

※①の2問目は解答省略

※③は解答省略

※①の3問目は解答省略

※⑤は解答省略

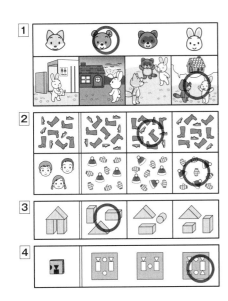

※⑥は解答省略

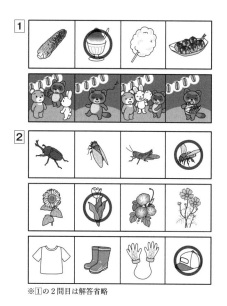

※①の2問目は解答省略

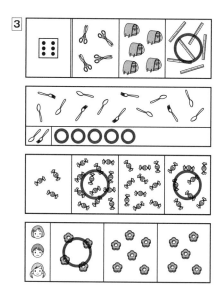

※⑤は解答省略

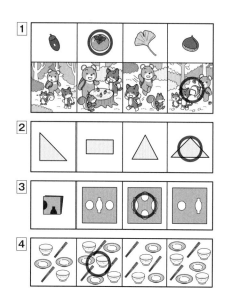

※⑥は解答省略

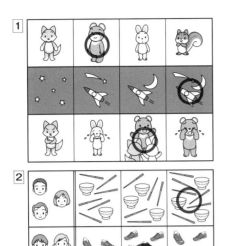

※③は解答省略

※②は解答省略

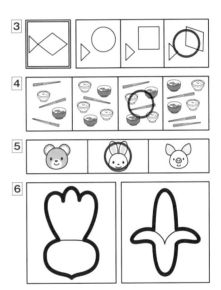

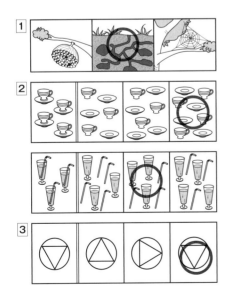

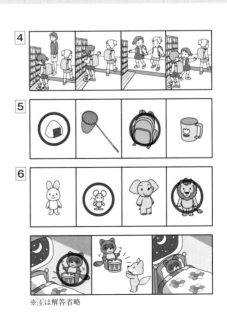

※④は解答省略

※⑦、⑧、⑩は解答省略

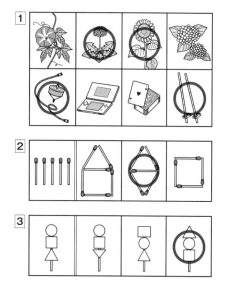

※⑦は解答省略

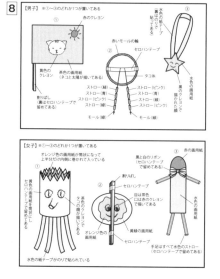

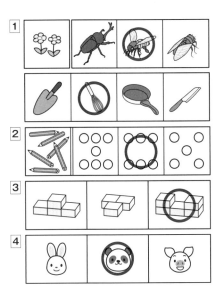

※6は解答省略

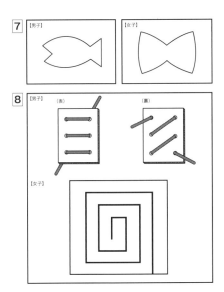

※1の5問目は解答省略

※2の2問目は解答省略

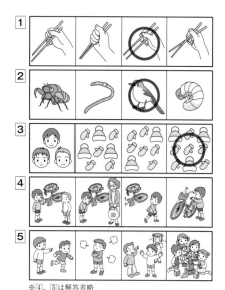

※4、5は解答省略

※8、9の2問目は解答省略

※ ①の3問目は解答省略

※ ②の3問目は解答省略

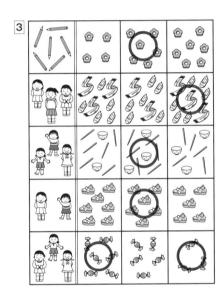

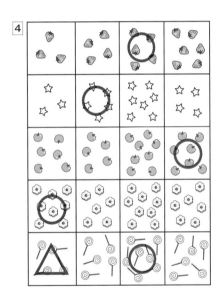

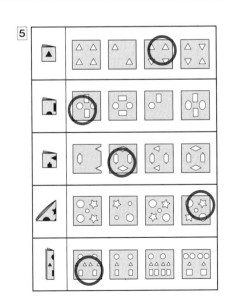

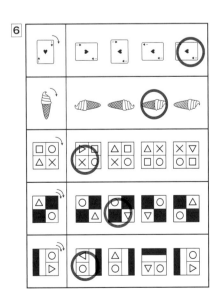

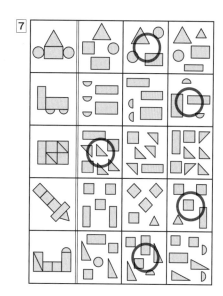

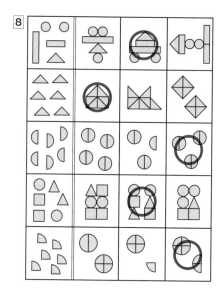

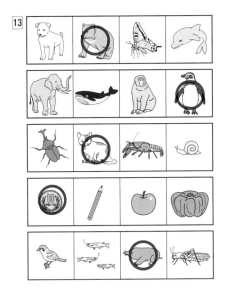

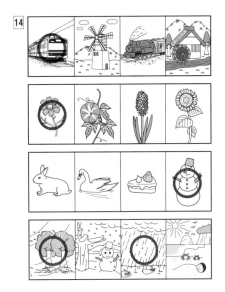

※15は解答省略

※18の1〜3問目は解答省略

Shinga-kai